Bibliografische Information der Deutschen Nationalbibliothek
Die Deutsche Nationalbibliothek verzeichnet diese Publikation in der
Deutschen Nationalbibliografie, detaillierte bibliografische Daten sind im Internet
über http://dnb.d-nb.de abrufbar

Herausgeber: Dirk Liebnitzky
1. Auflage August 2022

Herstellung und Verlag: BoD - Books on Demand, Norderstedt
ISBN 9783756294312

True Crime!

Deutschland Deine Mörder

Wahre Kriminalfälle - echte Gerichtsurteile

Band 1
„Terrorgruppe No. 1“
Manipulation von ICE Gleisen

Hat sich der Fehlerteufel eingeschlichen?

Dieses Buch gibt ausschließlich Originaltexte wieder - und zwar genau so, wie diese erstellt wurden. Hierdurch bleiben alle Inhalte authentisch und völlig unverfälscht.

Das große Schriftaufkommen im Gerichtsprozess und im nachfolgenden Urteil führt nahezu unweigerlich zu Fehlern in der Rechtschreibung, bei der Verwendung von Satzzeichen und auch beim Erstellen von Absätzen.

Besonders viele Fehler finden sich, so auch in diesem Buch, in zitierten Originaltexten aus dem Verfahren. So z. B. aus Schriftstücken oder Einlassungen von Angeklagten, Zeugen und anderen Prozessbeteiligten. Auch diese Texte werden hier unkorrigiert wiedergegeben.

Hier liegt also keine Schlampigkeit von Herausgeber oder Verlag vor.

Aus Gründen des Datenschutzes werden Orts- und Namensangaben in den folgenden Texten zumeist anonymisiert. Je nach Ursprungstext werden hierfür wechselnde Variablen oder einfach Platzhalter verwendet.

§ 211 StGB

Mord
(1) Der Mörder wird mit lebenslanger Freiheitsstrafe bestraft.
(2) Mörder ist, wer

aus Mordlust, zur Befriedigung des Geschlechtstriebs, aus Habgier
oder sonst aus niedrigen Beweggründen,
heimtückisch oder grausam oder mit gemeingefährlichen Mitteln
oder
um eine andere Straftat zu ermöglichen oder zu verdecken,
einen Menschen tötet.

§ 315c StGB

Gefährdung des Straßenverkehrs
(1) Wer im Straßenverkehr

1. ein Fahrzeug führt, obwohl er
a) infolge des Genusses alkoholischer Getränke oder anderer berauschender Mittel oder
b) infolge geistiger oder körperlicher Mängel

nicht in der Lage ist, das Fahrzeug sicher zu führen, oder

2. grob verkehrswidrig und rücksichtslos
a) die Vorfahrt nicht beachtet,
b) falsch überholt oder sonst bei Überholvorgängen falsch fährt,
c) an Fußgängerüberwegen falsch fährt,
d) an unübersichtlichen Stellen, an Straßenkreuzungen, Straßeneinmündungen oder Bahnübergängen zu schnell fährt,
e) an unübersichtlichen Stellen nicht die rechte Seite der Fahrbahn einhält,
f) auf Autobahnen oder Kraftfahrstraßen wendet, rückwärts oder entgegen der Fahrtrichtung fährt oder dies versucht oder
g) haltende oder liegengebliebene Fahrzeuge nicht auf ausreichende Entfernung kenntlich macht, obwohl das zur Sicherung des Verkehrs erforderlich ist,

und dadurch Leib oder Leben eines anderen Menschen oder fremde Sachen von bedeutendem Wert gefährdet, wird mit Freiheitsstrafe bis zu fünf Jahren oder mit Geldstrafe bestraft.

(2) In den Fällen des Absatzes 1 Nr. 1 ist der Versuch strafbar.

(3) Wer in den Fällen des Absatzes 1

1. die Gefahr fahrlässig verursacht oder
2. fahrlässig handelt und die Gefahr fahrlässig verursacht,

wird mit Freiheitsstrafe bis zu zwei Jahren oder mit Geldstrafe bestraft.

§ 316b StGB

Störung öffentlicher Betriebe
(1) Wer den Betrieb

1.   von Unternehmen oder Anlagen, die der öffentlichen Versorgung mit Postdienstleistungen oder dem öffentlichen Verkehr dienen,
2.   einer der öffentlichen Versorgung mit Wasser, Licht, Wärme oder Kraft dienenden Anlage oder eines für die Versorgung der Bevölkerung lebenswichtigen Unternehmens oder
3.   einer der öffentlichen Ordnung oder Sicherheit dienenden Einrichtung oder Anlage
dadurch verhindert oder stört, daß er eine dem Betrieb dienende Sache zerstört, beschädigt, beseitigt, verändert oder unbrauchbar macht oder die für den Betrieb bestimmte elektrische Kraft entzieht, wird mit Freiheitsstrafe bis zu fünf Jahren oder mit Geldstrafe bestraft.
(2) Der Versuch ist strafbar.
(3) 1In besonders schweren Fällen ist die Strafe Freiheitsstrafe von sechs Monaten bis zu zehn Jahren. 2Ein besonders schwerer Fall liegt in der Regel vor, wenn der Täter durch die Tat die Versorgung der Bevölkerung mit lebenswichtigen Gütern, insbesondere mit Wasser, Licht, Wärme oder Kraft, beeinträchtigt.

§ 52 StGB

Tateinheit

(1) Verletzt dieselbe Handlung mehrere Strafgesetze oder dasselbe Strafgesetz mehrmals, so wird nur auf eine Strafe erkannt.

(2) 1Sind mehrere Strafgesetze verletzt, so wird die Strafe nach dem Gesetz bestimmt, das die schwerste Strafe androht. 2Sie darf nicht milder sein, als die anderen anwendbaren Gesetze es zulassen.

(3) Geldstrafe kann das Gericht unter den Voraussetzungen des § 41 neben Freiheitsstrafe gesondert verhängen.

(4) Auf Nebenstrafen, Nebenfolgen und Maßnahmen (§ 11 Absatz 1 Nummer 8) muss oder kann erkannt werden, wenn eines der anwendbaren Gesetze dies vorschreibt oder zulässt.

Zu den Voraussetzungen des Vorliegens von Vorsatz
sowie des Mordmerkmales der Heimtücke
bei der Manipulation von ICE Gleisen.

LG Wiesbaden, Urteil vom 29.03.2021 - 2 Ks - 6160 Js 213979/20

Tenor
Der Angeklagte wird wegen versuchten Mordes in Tateinheit mit versuchtem gefährlichen Eingriff in den Bahnverkehr und mit Störung öffentlicher Betriebe zu einer Freiheitsstrafe von

9 Jahren und 10 Monaten

verurteilt.

Der Angeklagte hat die Kosten des Verfahrens sowie seine notwendigen Auslagen zu tragen.

Die Einziehung des sichergestellten T-Schlüssels und des Metallrohrs (Asservate 4.1 und 4.2) wird angeordnet.

Angewandte Vorschriften:

§§ 211 Abs. 2 Var. 4,5, 7, 315 Abs. 1 Nr. 1, 316b Abs. 1 Nr. 1, 22, 23,52 StGB

Gründe

I.

[persönliche Verhältnisse aus datenschutzrechtlichen Gründen weggelassen]

Der Angeklagte wurde in der vorliegenden Sache am 21.03.2020 aufgrund des Haftbefehls des Amtsgerichts Wiesbaden vom gleichen Tag vorläufig festgenommen und befindet sich seither ununterbrochen in Untersuchungshaft in der Justizvollzugsanstalt Frankfurt am Main I.

II.

Aufgrund der durchgeführten Beweisaufnahme steht folgender Sachverhalt zur Überzeugung des Gerichts fest:

Bereits seit dem Jahr 2017 warnte der Angeklagte mit vielfältigen von ihm verfassten Schreiben an öffentliche und politische Stellen, wie beispielsweise das Bundesministerium des Inneren, das Bundeskanzleramt oder die Botschaft der französischen Republik in Berlin vor Anschlägen durch eine deutsch-französische islamistische Terrorzelle, welcher Personen namens „[...]“, „[...]“ und „[...]“ bzw. „[...]“ angehören würden, zu welchen er in Kontakt stehe. In diesen Schreiben berichtete er unter anderem auch davon, dass die von ihm benannte Terrorzelle Anschläge auf den öffentlichen Nahverkehr - speziell auf französische TGV-Schnellzüge und deutsche ICE-Schnellzüge - in Betracht ziehe.

Er führte weiter aus, dass er der einzige sei, der dies verhindern könne und stellte in Aussicht, die Terrorzelle unschädlich zu machen. Sein Angebot verband der Angeklagte unter anderem mit finanziellen Forderungen.

Die Intensität des vom Angeklagten ausgeübten Schreibaufwandes erreichte seinen Höhepunkt um den Zeitpunkt seiner Haftentlassung am 19.12.2019 herum. Mit Datum von diesem Tage verfasste der Angeklagte nochmals vielfältige schriftliche Ausarbeitungen, welche auf ein drohendes Anschlagsszenario sowie die hiermit verbundene Terrorzelle mit der Bezeichnung „Terrorgruppe No. 1" hinwiesen, und warf den jeweiligen Adressaten teilweise - auch infolge ausbleibender Reaktionen auf seine in der Vergangenheit verfassten Schreiben - Untätigkeit vor. Diese Schreiben waren unter anderem an das Bundeskanzleramt - Frau Merkel persönlich -, den französischen Staatspräsidenten Herrn Macron, die Belgische Regierung, verschiedene französische Politiker, deutsche Parteien sowie die internationale Investmentgesellschaft Black Rock adressiert. Unter Nennung seines richtigen Namens und seiner E-Mailadresse warnte der Angeklagte vor einer extremen und akuten Terroranschlagsgefahr in Frankreich, Deutschland, den Niederlanden, Belgien, Spanien und Italien durch die von ihm verfolgte Terrorzelle, bei welcher Menschen zu Tode kommen würden.

Exemplarisch hierfür verfasste der Angeklagte in einem mit dem Datum des 19.12.2019 versehenen Schreibens an die Botschaft der Französischen Republik in Berlin und an den Staatspräsidenten Herrn Macron Folgendes: „Ich teile es Ihnen mehr wie deutlich mit, = AB JETZT UND HEUTE =, wegen der extrem akuten Bedrohungslage die ja so gewaltig, nicht voraussehbar war und durch ihr gesamtes vergangenes Verhalten, ist es vorbei damit Herr Macron und auch für Frau Merkel, irgendetwas vorsätzlich zu ignorieren, die Öffentlichkeit für dumm und blöd zu halten und anzulügen, Ihre Politikpartner und auch die Gegner anzulügen und zu täuschen, aber vorallem = UNSCHULDiGE MENSCHEN VOLL WISSENTLICH UND VORSÄTZLICH VON TERRORISTEN ERMORDEN ZU LASSEN = OBWOHL ABSOLUT VERHINDERBAR = !!!"

Er berichtete ferner von einer ihm exklusiven Kontaktmöglichkeit zu der von ihm beschriebenen Terrorzelle sowie Treffen mit deren Mitgliedern, durch welche er Informationen zu Anschlagsplänen erhalte, welche Züge in Frankreich und Deutschland betreffen würden.

Hierzu führte der Angeklagte beispielsweise in einem an das Bundeskanzleramt Berlin - z.Hd. von Frau Merkel persönlich - sowie der Botschaft der Französischen Republik - z.Hd. Herrn Staatspräsident Macron persönlich - adressierten Schreiben, welches ebenfalls mit dem Datum des 19.12.2019 versehen war, aus:
„Verehrte Frau Bundeskanzlerin Merkel,
verehrter Herr Staatspräsident Macron,

wie im vorangegegangenen Schreiben erwähnt, traf ich mich soeben,
mit dem Ihnen beiden bereits von mir bekanntgemachten (seit dem
04.11.2017) = [...] =, Angehöriger der Ihnen beiden, ebenfalls bereits
bekanntgemachter Terrorgruppe No. 1 in Europa und vor welcher ich Sie
beide und andere (Minister), seit langem warne !!! Vor Wenigen Minuten,
wurde mir von = [...] = bestätigt, das meine Vermutungen und Warnungen an Sie beide Ende 2018/ Anfang 2019 = absolut richtig und wieder-
mal, zu 100 % zutreffend waren = !!![...]

= [...] = teilte mir soeben mit, daß man nun 1-2x in Frankreich und 1-2x
in Deutschland zuschlagen will !!!

Danach will man eine Pause machen und dann (und das weiß ich nun
nicht, ob ich das richtig verstanden habe), will man entweder = NOCH-
MAL = in Frankreich und Deutschland ausüben, oder direkt = EURO-
PAWEIT =, gleiche Anschläge verüben! KAPIEREN SiE DAS NUN FRAU
MERKEL UND HERR MACRON WAS DAS BEDEUTET !? Zig, Hunderte,
wenn nicht sogar Tausende Menschen will man schädigen, verletzen und
gar = ermorden = Frauen, Kinder, Männer, Alte = absolut unschuldige
Menschen = !!!

Wie mir = [...] = bereits im Sommer 2017 erzählte (und ich Ihnen Ende
2018/Anfang 2019 AUSFÜHRLICH MITTEILTE), will man tatsächlich Anschläge auf TGV, iCE, volle Züge, aber auch das ist mir neu, auf GEFAH-
RENGUT-GÜTERZÜGE ausüben! Man ist, so wie mir = [...] = soeben mitteilte, = schon weit = und die Planungen sind angeblich abgeschlossen!"

In diesem Schreiben nahm der Angeklagte - neben Orten in Frankreich -
bereits Bezug auf das Rhein-Main-Gebiet als möglichen Anschlagsort.

Er verfasste hierzu Folgendes:
„= [...] = äußerte sich soeben mit den Anschlagszielen, bezogen auf
Örtlichkeiten [...] recht unklar, nur das man alles von Paris aus, Richtung
Süden und Osten gehen soll, was ja auch Sinn machen würde, da man
ja bestens im Süden von Frankreich vernetzt ist und Richtung Osten,
kommt ja die Deutsche Grenze ins Spiel, wo ja wieder diese RheinMain
Gruppe, einschließlich = [...] = wäre. Den = Eurostar = nannte er nicht,
auch nicht mit einer Silbe, irgendetwas Richtung England."

Der Angeklagte führte in seinen Schreiben ferner aus, dass nur er alleine
in der Lage sei, die von der Terrorzelle
geplanten Anschläge zu vereiteln und ihr Handeln zu unterbinden.

In einem Schreiben, welches der Angeklagte unter dem 19.12.2019 an
die Botschaft der Französischen Republik in Berlin, an den Staatspräsidenten Herrn Macron persönlich adressiert hatte, führte er hierzu beispielsweise aus:

„Sie Herr Macron und Frau Merkel, all ihre Dienste, Behörden, Sondereinheiten, gleich ob in Frankreich, Deutschland, oder den anderen Ländern,
werden = NICHT = an diese Führung der Terrorgruppe und die einzelnen
Zellen in Europa drankommen! = NEIN = !

= iCH UND NUR iCH ALLEIN KANN DAS =, ob Ihnen das passt oder nicht,
und wenn, dann läuft das auch nur so, wie ich das für richtig halte!"

Des Weiteren verfasste der Angeklagte eine Vielzahl von Seiten umfassende akribische Auflistungen sogenannter „Verständigungspunkte".
Die Erfüllung der hierin aufgeführten - nicht ausschließlich monetären
- Forderungen sollten einerseits als Gegenleistung für ein Tätigwerden
des Angeklagten dienen, andererseits diesen in die Lage versetzen, die
von ihm angebotene Bekämpfung der von ihm beschriebenen Terrorzelle durchzuführen. So begehrte der Angeklagte neben Geldbeträgen
im Milliarden- bzw. Millionenbereich - unter anderem einem Betrag von
88,75 Mrd. € - auch die zur Verfügung Stellung verschiedenartigster
Luxusgüter, hierunter Auflistungen genauestens bezeichneter Fahrzeuge
der obersten Preisklasse. Ferner verlangte der Angeklagte die Begleitung
durch ihm bereitzustellende Partnerinnen sowie eine Vielzahl weiterer, genauestens beschriebener Dinge, wie beispielsweise lebenslange
Steuerfreiheit oder die Löschung aller negativen Einträge seine Person
betreffend in allen nur möglichen Akten, Dateien, Karteien, Registern und
Abrufsystemen.

In einer entsprechenden Auflistung, welche auf den 19.12.2019 datiert
ist, führte der Angeklagte unter anderem folgende „Verständigungspunkte" auf:

- „es wird SOFORT eine 24 Stunden am Tag besetzte Notfallnummer für
mich eingerichtet! Unter dieser Nummer werde NUR ich anrufen - sonst
NIEMAND! An Ende wird dort immer eine Beamtin Ihres Landes sitzen,
welche 1., mit allen Anordnungen, Befugnissen, Erlässen und des Sache
selbst etc. vertraut ist! 2., Sie wird = immer = warten, was ich zuerst
sage, um sich eventuell mitspielend einstellen zu können, sollte ich anrufen müssen im Beisein einer bedenklichen Person. 3., Sie wird SOFORT
ev. Angeforderte Unterstützung veranlassen

- es werden mir SOFORT verschiedenste Waffen und sonstige Ausstattun-
gen ausgehändigt! Aushändigung erfolgt in Ihrem Land! Einzelne Waffen-
typen, Munition und Sonstiges, teile ich gesondert mit!

- es werden mir SOFORT verschiedenste Ausweise gefertigt und wo notwendig eingetragen

- es wird mir SOFORT gegenüber jeden Amt u. Behörde = absolute =
Weisungs- und Anordnungsbefugnis und Ermächtigung erteilt

- es stehen mir ab SOFORT alle behördlichen Möglichkeiten zur Nutzung bereit, wie normale Polizei, übergeordnete, Geheimdienst, Staatsschutz, Militär etc. auch alle Wasser, Land und Luftverbände

- ich erhalte einen Legitimierungsausweis als = SONDERBEAUFTRAGTER = Ihres Landes Staat

- ich erhalte SOFORT eine weibliche Assistenz, welche als Übersetzerin, als Bindeglied zwischen mir und Regierung dienen wird etc. Sie wird von mir ausgesucht werden. Sie ist NiCHT von Polizei, Geheimdienst etc. sondern werde ich frei aus der Regierung oder irgendeinen Amt wählen. Sie wird praktisch voll und ganz, offiziell als meine Partnerin gelten um unauffällig zu sein, das heißt, es gibt KEIN Tabu, KEIN Limit, KEIN Sonstwas !!! Sie = muß = extrem attraktiv sein, jünger, sehr schlank, = muss = sehr schnell lernen können wie man sich verhält nach meinen Vorgaben etc. 24/7!

- es wird mir SOFORT neue - komplette - Identität ausgestellt, nach meinen Namensvorgaben

- muß ich wegen einer Angelegenheit in andere Länder reisen, stehe ich dort SOFORT unter Diplomatischen Status und Schutz Ihres Landes/ Staat. Wird mir SOFORT sofern ich das benötige ein PKW mit diplomatischen Kennzeichen gestellt. Wird mir SOFORT die jeweilige Botschaft und Botschafter, alle geforderte Unterstützung zukommen lassen. Wird mir eine Waffe und Munition behändigt. Werden Gelder gestellt falls notwendig. etc.

- es wird mir SOFORT ein Diplomatenpass Ihres Landes/Staat gefertigt und ausgehändigt, sowie alle Deklarierungen für Gepäck und weiteres behändigt.

- ich halte NUR Kontakt mit Ihren Regierungsverantwortlichen direkt oder in Übersetzung durch die bei mir stehende Assistenz.

- ich handle = absolut STRAFFREI = und so wie ich es für richtig halte !

- es wird SOFORT eine Wohnung = nach meiner Vorgabe = angemietet, eingerichtet in Ihrem Land u. vorgegebener Stadt (Städte)

- es werden mir SOFORT 1 UNLIMITED Kreditkarten Satz - international - laufend auf meinen Namen u. Daten ausgehändigt, von einer staatlichen Top-Bank Ihres Landes. Einen 2´ten Satz erhält meine Assistentin! Hier Mastercard, Visa, Barcley´s und American Express schwarz diese absolut UNLIMITED geschalten - jede Freigabe auch an jeden Geldautomaten!

- es werden mir SOFORT 5 Millionen Euro BAR als Handgeld ausgehändigt.

- ev. Benötige ich 1 - 3 Kriminelle oder Ex-Kriminelle Frauen aus Ihrem Land/Staat am besten noch einsitzend noch 2 - ? Jahre mindestens, keine Junkie's, keine Kindesstraftaten, keine Mörderin, absolut gesund, extrem attraktiv, sehr schlank, Alter von 23 - 40 Jahre, Deutsch sprechend wäre gut - englisch wenn kein Deutsch ein = muss = ! Will SOFORT, daß Sie alle Haftanstalten informieren, sollen SOFORT in Frage kommende Frauen melden. Will von jeder erstmal Foto´s + Übersicht Ihrer Straftat(en) bei engerer Auswahl übersetzte Akte ! Wähle bzw. benötige und wähle ich eine oder mehrere aus, werden diese erst nach einem Gespräch mit mir entlassen, wenn ich das wünsche. Hilft Sie dabei die Terrorzelle (en) unschädlich zu machen, ist danach Ihre Strafe erledigt und Sie erhält 100.000,- € Starthilfe!"

Seine Forderungen verband der Angeklagte teilweise mit verschiedenen Fristsetzungen, welchen eine Länge von mehreren Minuten bis zu einigen Stunden hatten.
Als Konsequenz für eine Nichterfüllung dieser Forderungen kündigte der Angeklagte an, sich aus der Verfolgung und Bekämpfung der von ihm erfundenen und beschriebenen Terrorzelle zurückzuziehen und stellte politische Konsequenzen für die Adressaten, sollte deren Untätigkeit öffentlich bekannt werden, in Aussicht.

Exemplarisch hierfür führte er in einem weiteren Schreiben mit Datum vom 19.12.2019, gerichtet an das Bundeskanzleramt Berlin - z.Hd. von Frau Merkel persönlich - sowie der Botschaft der Französischen Republik - z.Hd. Herrn Staatspräsident Macron persönlich - Folgendes aus:

„Sollte man nun bereits in 30 Minuten nicht die beschriebenen Punkte mitgeteilt haben

= BiN iCH WEG =

Wird auch nur eine Frist oder Leistung nicht vollständig eingehalten

= BiN iCH WEG =

Wird auch nur ein Ablauf, eine Regel nicht eingehalten

= BiN iCH WEG =

Kommt die angeforderte Mitarbeiterin aus den Punkten und Abläufen, nicht alleine, sehe oder ahne ich noch eine weitere Person, oder Polizei, LKA, BKA, BND, Sondereinheiten, MEK, GSG) oder sonst etwas, nur der Verdacht oder Gefühl darauf langt

= BiN iCH WEG =

Würde man versuchen, etwas gegen meine Freiheit, mein freies Handeln, meine Gesundheit, mein Leben zu unternehmen. Würde man Personen belästigen

= BiN iCH WEG =

Ich rate Ihnen Beiden eindringlich, kommen Sie auf absolut keine dummen Ideen gegen meine Person - nichtmal im Ansatz !!!"

Der Angeklagte schuf das von ihm geschilderte Bedrohungsszenario durch die beschriebene Terrorzelle, um einen Raum zu schaffen, in welchem er sich selbst in der Rolle als heldenhafter, agentengleicher und über allen alltäglichen Dingen stehender Terrorbekämpfer platzieren konnte. Dies war für ihn die Möglichkeit, seinem überhöhten Selbstverständnis und seinem Geltungsdrang gerecht zu werden, was ihm bei Anerkennung der realen Bedingungen, welche er in seinem Leben für sich geschaffen hatte, nicht gelang. Zudem hoffte er in Anbetracht seiner Perspektivlosigkeit das Szenario dazu nutzen zu können, sich Mittel zu verschaffen, welche ihn auch in der Realität in die Lage versetzen würden, ein seinem Selbstverständnis als Person entsprechendes Leben zu führen.

Obwohl es ihm jederzeit möglich war, zwischen Realität und Fiktion zu unterscheiden und den Wahrheitsgehalt seiner Schilderungen zu reflektieren, steigerte sich der Angeklagte immer weiter in die Idee der Terrorzelle und seine Rolle als deren Bekämpfer hinein. Der Umstand der absoluten Erfolglosigkeit seiner vielfältigen Schreiben, auf welche keinerlei Reaktion erfolgte, frustrierte den Angeklagten und gefährdete zudem den Ausdruck seines Selbstbildes.

Dies führte dazu, dass mit fortschreitender Frustration über die offensichtlich ohne Konsequenzen gebliebenen Schilderungen für die Adressaten das Bedürfnis in dem Angeklagten wuchs und hiermit auch der Entschluss heranreifte, die von ihm behauptete Anschlagsgefahr durch eine deutsch-französische Terrorzelle unter Beweis zu stellen.

Er wollte dafür sorgen, dass die Existenz der seiner Fantasie entspringenden Terrorzelle, vor welcher er in seinen Schreiben gewarnt hatte, von den verantwortlichen Behörden ernst genommen und er als einzig zu deren Bekämpfung Befähigter anerkannt wird. Hierdurch hoffte der Angeklagte auch seinen Forderungen Nachdruck verleihen zu können.

In einer Whatsappkommunikation des Angeklagten mit seinem Sohn [...], in welcher der Angeklagte unter anderem nächtliche Einbruchsaktivitäten andeutete, mit welchen sich der Angeklagte seit seiner Haftentlassung beschäftigte, berichtete, schrieb der Angeklagte am 10.02.2020 um 13:50:30 Uhr:

„Es geht immer weiter Großer. Noch 3-4 solche Nächte und ich kann das große gesamte angehen"

In Vorbereitung der Durchführung seines nunmehr gefassten Entschlusses, die vermeintliche Existenz der Terrorzelle zu verifizieren, entwickelte der Angeklagte den Plan, das von ihm geschilderte Anschlagszenario selbst zu inszenieren. Verwirklichen wollte er dies dadurch, dass er selbst Schienenbefestigungen an einer Hochgeschwindigkeitsstrecke lösen würde. Um sich nähere Kenntnisse über die Möglichkeit und die Art der Durchführung der von ihm beabsichtigten Schienenmanipulation sowie hierfür notwendiges Werkzeug zu verschaffen, besuchte der Angeklagte zunächst mit seinem Mobiltelefon des Herstellers Huawei (Ass.-Nr. 5.1.3.1.) am 19.02.2020 Webseiten, welche sich mit der Reparatur von Gleisen, Schienenausbesserung und Gleisbau beschäftigen. Sodann recherchierte der Angeklagte am 20.02.2020 von 09:18 Uhr bis 09:29 Uhr mit seinem Laptop der Marke „Acer" (Ass.-Nr. 6.1.1.6.) mittels Sucheingaben nach Gleisbau in verschiedenen Städten und Gleisbaufirmen. Zuletzt, um 09:29 Uhr, tätigte der Angeklagte die Sucheingabe „www. geismar.pro Schienen befestigen"; der gesuchte Betrieb stellt Produkte im Gleis- und Weichenbau her.

Am gleichen Tag setzte der Angeklagte seine Recherche fort, indem er um 14:35 Uhr die Sucheingabe „Gleisbau Werkzeug" tätigte.

Am 23.02.2020 schrieb der Angeklagte seinem Sohn [...] per Whatsapp um 15:35:41 Uhr:

„So Großer, der Kleinscheiß ist vollbracht. Alles gut gegangen. Nun kommt das Andere dran. Ich muss da dranbleiben und vielleicht, ist dann bald, sehr bald Schluß damit, für immer! Aber hinter dem ich, ab jetzt her bin, das ist eine ganz andere Nummer und extrem, drück mir die Daumen!"

Am Morgen des 24.02.2020 führte der Angeklagte von 08:22 Uhr bis 08:26 Uhr seine Gleisbaurecherche fort, welche sich an diesem Tag auf Sucheingaben zum Gleisbau in Duisburg und entsprechender dort ansässiger Firmen bezog.

Am 04.03.2020 suchte der Angeklagte mit seinem Notebook um 14:42 Uhr nach den Begriffen „Gleisbau Kassel" sowie „www.rose-gleisbau.de". Parallel hierzu setzte der Angeklagte die Planung seines sich immer weiter konkretisierenden Vorhabens nunmehr vor dem Hintergrund einer möglichen Tatörtlichkeit fort, indem er mit seinem Notebook am 26.02.2020 von 14:16:42 Uhr bis 14:17:30 Uhr sowie am 01.03.2020 von 08:38:46 Uhr bis 08:40:11 Uhr nach ICE-Strecken und dem ICE-Streckennetz in Deutschland suchte.

Als sich die Überlegungen des Angeklagten hinsichtlich einer Tatörtlichkeit sodann auf das Rhein-Main-Gebiet verdichtet hatten, recherchierte dieser erstmalig am 28.02.2020 zwischen 23:16:34 Uhr und 23:47:17 Uhr mit seinem Laptop nach einem Frankfurter Strafverteidiger. Eine entsprechende Recherche des Angeklagten folgte am 04.03.2020 von 15:17:00 Uhr bis 15:19:14 Uhr.

Am Mittag des 05.03.2020 suchte der Angeklagte mit seinem Notebook, abermals, zwischen 12:22 Uhr und 12:29 Uhr nach Nachrichten über einen entgleisten Zug im Elsass mittels der Suchbegriffe „Elsass Zug entgleist" sowie „nachrichten tgv entgleist" und Nachrichten zur öffentlichen Wahrnehmung der von ihm geschilderten Terroranschlagsgefahr auf den Bahnverkehr, indem er mehrfach die Eingabe des Suchbegriffe „nachrichten über geplante Terroranschläge auf Züge" eingab.

Am 06.03.2020 lud der Angeklagte um 20:15:53 Uhr auf sein Mobiltelefon des Herstellers Samsung (Ass.-Nr. 5.1.7) eine Übersicht des ICE-Netzes 2020 herunter.

Im Rahmen seiner weiteren Vorbereitungen sendete der Angeklagte am 09.03.2020 um 13:19:59 zur nochmaligen Verdeutlichung der akuten Anschlagsgefahr ein Fax an das Bundeskanzleramt, z.Hd. Frau Bundeskanzlerin Merkel „persönlich" unter der Nummer [...] mit folgendem Inhalt:

„Hier: meine Mitteilungen seit dem 19.12.2019, bzzgl. Anschlagsgefahr in Deutschland, Frankreich, Niederlande, Belgien, Spanien und Italien;

Sehr geehrte Frau Bundeskanzlerin Merkel,
den Sachverhalt, muss ich Ihnen nicht erst erneut erklären, dies habe ich zu genüge bereits am 19.12.2019 und im Anschluß, mit einigen Emails.
Ich war nun seit dem 19.12.2019 dieser deutsch-französischen Terrorgruppierung auf den Fersen. Ich war, um mir entsprechende Hilfe, über die Netzkommunikation dieser Gruppe einzuholen, in Rumänien, hier im sogenannten Hackerville, um besser zu verstehen, wie man auch mit mir kommuniziert.
Ich traf mich zweimal, mit den bereits beschriebenen [...] und ebenso mehrfach, mit dem bereits beschriebenen [...].

[...] befindet sich schon seit längerem, hier in Köln, er koordiniert die Gruppen in Deutschland. Eine dieser Gruppen/Zellen, hielt sich sehr lange, in Duisburg auf, wo ich sie auch beobachtete. Ich reiste dieser Zelle, seit Wochen hinterher.
In den vergangenen Tagen, herrschte eine erhöhte Aktivität. Ich spürte

die Zelle, zuerst in Düsseldorf - Angermund auf, dies ist nahe der Grenze
zu Duisburg. Hier interessierte man sich sehr stark, für die angrenzende
ICE Strecke. Dann reiste die Zelle, nach Münster - Handorf, auch hier
wieder erhöhtes Interesse an den dortigen Zugstrecken. Von dort weiter, nach Drensteinfurt, auch hier, wieder ein erhöhtes interesse, an den
dortigen Bahnstrecken.

Ich sah die Zelle mehrfach, mit Werkzeugen, an den jeweiligen Bahnstrecken entlang gehen, aber man machte dort offensichtlich nur Tests.
Dann wurde die Zelle urplötzlich, von einem in Kassel zugelassenen Kfz
abgeholt.
Kassel, ist verdammt gefährlich, weil ich von [...] weiß, das sich die zweite deutsche Zelle, in Kassel, Nähe Unigelände aufhält. Dort spürte ich die
eigentliche Duisburger Zelle wieder auf und konnte Ihnen, zu einem kleinen Ort Namens Michelrombach folgen. Man hielt sich auch in Fulda auf.
In der Nähe des kleinen Ortes michelrombach, verläuft eine ICE-Strecke,
welche diese Zelle zwei Tage lang sehr genau, am Tag und in der Nacht
angesehen hatten.
Danach, verließ man diese Gegend und reiste zu [...] nach Köln.
Hier nach Chorweiler-Volkhoven und die Ironie an dieser Sache ist, man
hielt/hält sich in der Ghettosiedlung am City Center auf und sieht dem
Bundesamt für Verfassungsschutz, praktisch, direkt in den Hof!!!
Soviel, zum aktuellen Stand!

Meiner Einschätzung nach und nach allem was ich von [...] und [...]
erfuhr, hatte man Probleme, in der ursprünglich geplanten Ausführung,
welche nun aber behoben sein sollen.
Das heißt, ich persönlich rechne nun damit, dass es in Kürze dazu
kommt, wovor ich seit dem 19.12.2019 eindringlich warne, viele Stellen
informiert hatte, aber mir tatsächlich niemand glauben wollte.
Sie haben ja nichts besseres zu tun gehabt, mich von einem Nürnberger
Kripo Beamten kontaktieren zu lassen, welcher in seiner Inkompetenz,
garnicht zu beschreiben ist, Namens [...].
Ich war bereit, mich darauf einzulassen, aber er drohte mir dann sogar,
mit einer Anzeige und mit einem Verfahren, welches er der STA Nürnberg
zur Prüfung vorlegen möchte.

Ganz falscher Weg mit mir Frau Bundeskanzlerin Merkel!!!

Durch diesen inkompetenten Herrn [..], haben Sie sich den Weg zu mir,
nur noch weiter verbaut, dass heißt, Zusammenarbeit ja, aber NUR, wie
ich das vorgeben werde, nichts mehr anderes!!!

Ich teilte Ihnen zu Anfang, am 19.12.2019, natürlich ein völlig über-
zogenes Maß mit, an Leistung vom Bund, weil ich auch sauer war, das
man einfach nicht reagierte und das bin ich auch heute noch, sogar mehr
denn je, denn ich bin nun seit drei Monaten auf der Spur und zahle alles,

aus meinen eigenen Mitteln.

Ich habe Ihnen mehrfach mitgeteilt, das diese Gruppen, extrem gut geschult wurden von [..] und keine Fehler machen, auch jede Observationsmaßnahme, würde man sofort bemerken. Ständig wechselnde Telefonnummern, ständig wechselnde Kontaktnamen im Internet, kaum, bis keine Fahrzeuge und wenn doch, dann so schnell wechselnd, das man kaum nachkommt.

Heute, folgte ich der Zelle, in die Neusser Strasse/Ecke Nordstrasse und beobachtete, wie man sich, mit einem islamischen Geistlichen traf, in Köln natürlich.
Über [...], den ich selbst noch heute persönlich traf, konnte ich herausfinden, dass man sich nun in südliche Richtung, von Köln aus auf den Weg macht, mehr nicht.
Die Zelle, wurde von einem schwarzen BMW der 5 er Reihe abgeholt, mit einem Kennzeichen aus Leverkusen.
Ich konnte nicht mehr folgen, weil auch Sie bisher alle Mittel, für mich verweigerten, denn mit diesem, wäre ich absolut dran und könnte immer folgen und wahrscheinlich auch verhindern.
Ich schickte Ihnen am 19.12.2019, umfassend mit, was ich benötige und auch, was ich verlange, für meine Hilfe, denn da es nun aufgrund meiner Mitteilungen, an die gesamte deutsche Politiker Elite, jeden treffen würde, bei einem Anschlag, ist das angemessen. Meine Punkte, wurden benannt, welche zu leisten sind, ich gehe nach diesem inkompetenten Herrn [..] und den Drohungen, gegen meine Person, keinen Kompromiss mehr ein.
Die Normalzahlung und alle weiteren Punkte!
Ich werde morgen einen Rechtsanwalt beauftragen, in dieser Sache für mich tätig zu werden und dieser wird alle Abwicklungen treffen.
Dieser, wird Sie in einem eintretenen Anschlag, ebenso per Fax informieren, das dieser meine Mandatschaft übernommen hat und alles, wird dann über diesen laufen und alles, was ich Ihnen bereits mitgeteilt habe, ist dann umgehend/sofort zu leisten.

Ihre Entscheidung, ob Sie sich nun sofort mit mir in Verbindung setzen wollen, oder abwarten wollen, wie immer. Ich sage Ihnen, aus meiner Überzeugung, dass es nun soweit ist!

Mit freundlichem Gruß

Die für Sie eingerichtete Email Adresse, ist Ihnen bekannt!"[...]"

Am 09.03.2020 schrieb der Angeklagte, während er die Nacht vom 09.03.2020 auf den 10.03.2020 im Hotel [...] in 56276 Großmaischeid verbrachte, seinem Sohn um 22:42:32 Uhr über Whatsapp:
„Ja Grosser, die Härtephase beginnt seit heute, lege mich nun mit Merkel

an, aber so was von! Diese Woche ist die Entscheidungswoche! [...]"

Am Morgen des 10.03.2020 betrachtete der Angeklagte im Zuge der
Verdichtung seiner Vorbereitung und der fortschreitenden Konkretisie-
rung seines Vorhabens vom Hotel [...] in Großmaischeid aus mit seinem
Laptop den später tatörtlichen Streckenabschnitt bei Niedernhausen.
Zwischen 09:17:38 Uhr und 09:20:04 Uhr schaute er diesen unter
Verwendung der Software „Google Earth Pro" in einer hohen Zoomstufe
an und bewegte sich mittels des Programms virtuell in diesem Bereich,
nachdem er zuvor, um 09:16:17 Uhr bei „Google Earth" den Suchbegriff
„ICE Strecke von Köln nach Frankfurt am Main" eingegeben und eine ent-
sprechende Suche ausgelöst hatte.
Da der betrachtete Streckenabschnitt dem Angeklagten für sein Vor-
haben geeignet erschien, begab er sich mit seinem PKW sodann in die
Gegend des späteren Tatorts.

Noch am selben Tag kam der Angeklagte in 65527 Niedernhausen - der
Gemeinde des späteren Tatorts - an und mietete sich im dortigen „[...]
Hotel" unter dem Namen [...] oder [...] ein. Hier traf der Angeklagte sodann die letzten für ihn notwendigen Vorbereitungen, um sein Vorhaben
in der kommenden Nacht in die Tat umzusetzen.
So betrachtete der Angeklagte von 14:44:38 Uhr bis 14:48:44 Uhr mit
seinem Laptop abermals den tatörtlichen Streckenabschnitt in Niedernhausen unter Verwendung der Software „Google Earth Pro" in einer
detailreichen Ansicht.

Des Weiteren überzeugte sich der Angeklagte davon, dass während seiner für die Nacht vorgesehenen Arbeiten am Gleis kein Zugverkehr herr-
schen würde, indem er mit seinem Laptop am 10.03.2020 von 16:44:58
Uhr bis 16:57:37 Uhr über die Webseite „https://reiseaufkunft.bahn.de"
die Zugverbindungen im Streckenabschnitt Köln - Frankfurt (Main),
ausgehend vom Abfahrtsort Köln Hbf, nachschaute. Hierbei bezog sich
die vom Angeklagten eingeholte Verbindungsauskunft auf Abfahrtszeiten von Köln Hbf von 17:44 Uhr am 10.03.2020 bis 04:44 Uhr am
11.03.2020.

Am 10.03.2020 rief der Angeklagte mit seinem Laptop von 17:11:37 Uhr
bis 17:43:34 Uhr verschiedene Webseiten betreffend Strafverteidiger in
Frankfurt auf und tätigte entsprechende Sucheingaben.

Am Abend desselben Tages sendete der Angeklagte, nachdem er ihm die
Daten eines Frankfurter Strafverteidigers geschickt hatte, mit dem Hinweis, dass dies für alle Fälle sei, falls etwas passiere, seinem Sohn [...]
folgende Whatsapp Nachrichten:

21:00:51 Uhr
„Nee, nur Vorsorge, sagte Dir doch, das ich mich mit dem Bund anlege

und jetzt ist es soweit! [...]"

21:04:41 Uhr
„Ich ficke die, weil die mich ficken wollen, ganz einfach! Angriff ist die
beste Verteidigung"

21:22:40 Uhr
„[..], lege ich mich da nun nicht rein, werden die mich ficken und das
richtig, also, MUSS ich angreifen, keine andere Wahl"
Entsprechend seines vorgefassten Plans begab sich der Angeklagte sodann in der Nacht vom 10.03.2020 auf den 11.03.2020 mit seinem PKW
- einem silberblauen Ford Focus mit dem amtlichen Kennzeichen [...] -
zum tatörtlichen Streckenabschnitt der ICE-Hochgeschwindigkeitsstrecke
von Köln nach Frankfurt am Main, welcher sich in Fahrtrichtung Frankfurt
am Main zwischen der Ausfahrt aus dem Hellenbergtunnel bei Niedernhausen (Bahnkilometer 143,4) und der südlich in etwa 820 m Entfernung folgenden Bahnunterführung der Bundesstraße B 455 befindet. Im
Anschluss an diesen Streckenabschnitt befindet sich weiter südlich eine
Gleisunterführung sowie eine Tunneleinfahrt in den Schulwaldtunnel.

Die Strecke wird nahezu ausnahmslos von Hochgeschwindigkeitszügen
mit einer Geschwindigkeit von bis zu 300 km/h befahren.
Die Bahnstrecke verläuft hier in Richtung Frankfurt am Main in einer
leichten Rechtskurve. Sie liegt westlich der Bundesautobahn A3 in einem
Waldgebiet.
Der Gleisbereich liegt in einer circa 2 bis 3 Meter tiefen Böschung.
Oberhalb der Böschung ist der Gleisbereich von einem circa 2m hohen
Maschendrahtzaun eingefriedet. Hier gibt es sowohl am nördlichen als
auch am südlichen Ende des Streckenabschnitts jeweils einen Wartungszugang. Beide Wartungszugänge können durch ein unverschlossenes und
ungesichertes Metallklapptor betreten werden und befinden sich auf der
Seite des Gleises, welches in Fahrtrichtung Frankfurt am Main führt. Zu
den Schienen gelangt man nach Passieren des Tors jeweils über einen
mehrstufigen Treppenabgang.

Der nördliche Wartungszugang (später von der Spurensicherung als
Spurenbereich 2 bezeichnet) befindet sich zwischen den Bahnkilome-
tern 143,4 und 143,6, der südliche Wartungszugang liegt im Bereich des
Streckenkilometers 144 (innerhalb des später von der Spurensicherung
als Spurenbereich 1 bezeichneten Areals). In der Nähe des nördlichen
Zugangs befanden sich Müllablagerungen und Reifenspuren, die jedoch
nicht in Zusammenhang mit der Tat oder dem Angeklagten gebracht
werden konnten.

Beide Zugänge sind - mit dem Auto gut zugänglich - über einen teilweise
geschotterten Waldweg erreichbar, auf welchen man gelangt, wenn man
von der Bundesstraße B455 aus Wiesbaden-Naurod stadtauswärts in

Richtung Bremthal/Niedernhausen fahrend unmittelbar vor der Unterführung der ICE-Hochgeschwindigkeitsstrecke links einbiegt.
Über den Waldweg gelangt man von dieser Seite aus zunächst an einer Weggabelung zu dem südlichen Zugang, im weiteren Verlauf sodann ebenfalls an einer Weggabelung zu dem nördlichen. Der Waldweg setzt sich sodann in einer Rechtskurve über die Ausfahrt des Hellenbergtunnels bei Bahnkilometer 143,4 führend fort und verläuft auf der gegenüberliegenden Seite der Gleisanlage entlang der Gleise in Fahrtrichtung Köln, zurück zur Bundesstraße B455, in diese nunmehr stadtauswärts kommend hinter der Bahnunterführung mündend. Eine komplette Umfahrung des tatgegenständlichen Streckenabschnitts ist mithin möglich.

Aus welcher Richtung sich der Angeklagte den Wartungszugängen näherte und über welchen der beiden Zugänge er sich Zutritt zu den Gleisen verschaffte, konnte nicht aufgeklärt werden. Fest steht jedoch, dass der Angeklagte den Gleisbereich über einen der beiden Zugänge betreten hat. Hierbei führte der Angeklagte unter anderem einen Vierkant-T-Schlüssel mit einer Länge von 100 cm und einer Breite von 80 cm Ass.-Nr. 4.1), ein Stahlrohr von 1,40m Länge und einem Innendurchmesser von 27mm (Ass.-Nr. 4.2) sowie ein 62 cm langes rotes Brecheisen in seinem Kofferraum mit.

Im tatgegenständlichen Streckenabschnitt wurde eine sogenannte Feste Fahrbahn der Bauart „Walter-Heilit mit Gitterträger" realisiert. Dabei werden Zweiblock-Gitterträgerschwellen, die die Stützpunkte zur Befestigung der Schienen bilden, in einem Betontrog vergossen. Kombiniert wurde dies mit einem elastischen Schienenbefestigungssystem.
Dieses Schienenbefestigungssystem zeichnet sich dadurch aus, dass die Stahlschiene selbst an den einzelnen Schwellen zunächst auf einer Zwischenlage aus EPDM oder Gummi aufliegt, welche als Zwischenschicht zwischen der Schiene und der hierunter liegenden Stahlgrundplatte fungiert. Unterhalb der Grundplatte befindet sich eine elastische Zwischenplatte aus Polyurethan, welche sodann auf der Schwelle aufliegt. In horizontaler Richtung wird die Schiene beidseits des Schienenfußes von einer sogenannten Winkelführungsplatte aus Kunststoff gehalten, welche die Lateralkräfte in den benachbarten Betonhöcker der Schwelle abträgt. Diese laterale Fixierung wird an jeder Schiene beidseitig mittels Spannklemme und Schwellenschraube gesichert. In der Zeit der Betriebsruhe auf dem maßgeblichen Streckenabschnitt zwischen 0:00 Uhr und 4:00 Uhr, von welcher der

In der Zeit der Betriebsruhe auf dem maßgeblichen Streckenabschnitt zwischen 0:00 Uhr und 4:00 Uhr, von welcher der Angeklagte durch seine vorangegangenen Recherchen wusste und in welcher er keine Zugfahrten erwartete, begann der Angeklagte seinem Tatplan entsprechend mit dem Lösen der Schienenbefestigungen an dem in Fahrtrichtung Frankfurt am Main verlaufenden Gleis. Hierbei löste er unter Einsatz des

mitgeführten T-Schlüssels an der bogeninneren - mithin der am Außen-
rand liegenden - Schiene beidseitig der Schiene die Schwellenschrauben,
Spannklemmen und Winkelführungsplatten, mithin die laterale Fixierung.
Er setzte hierzu den Kopf des T-Schlüssels, welcher auf die Schwellenschrauben passte, auf diese auf und löste sie mittels einer Drehbewegung. Ob der Angeklagte auch unter Zuhilfenahme eines Metallrohrs,
welches, aufgesteckt auf den Griff des T-Schlüssels, als Verlängerung zur
Verstärkung der Drehbewegung fungiert, vorging, konnte nicht aufgeklärt
werden. Ebenso konnten keine Feststellungen dazu getroffen werden,
wann und wo der Angeklagte sich das Werkzeug beschafft hatte.
Nach dem Lösen der Schrauben drehte der Angeklagte diese heraus und
entfernte die Spannklemmen sowie die darunterliegenden Winkelführungsplatten. Hierbei nahm er das mitgeführte rote Brecheisen (Ass.-Nr.
4.5) zur Hilfe. Die gelösten Teile trennte der Angeklagte voneinander und
warf sie vom Gleis und der festen Fahrbahn weg in den Schotterbereich
bzw. den angrenzenden Grünstreifen, so dass sie für einen die Strecke
befahrenden Zugführer nicht wahrnehmbar waren. Dem Angeklagten gelang diese Tätigkeit trotz seiner körperlichen Beeinträchtigungen, etwai-
gen Schmerzen wirkte er mit der Einnahme des Schmerzmittels Tilidin
entgegen.

Wie viele und welche Schienenbefestigungen in dem gesamten letztendlich manipulierten Streckenbereich der Angeklagte in der ersten Nacht
vom 10.03.2020 auf den 11.03.2020 löste, konnte nicht aufgeklärt werden. Fest steht jedoch, dass der Angeklagte die Schienenmanipulationen
ab dieser Nacht etappenweise durchführte.

Am Vormittag des 11.03.2020 holte der Angeklagte mit seinem Laptop
zwischen 09:31:28 Uhr und 09:32:40 Uhr über die Webseite „https://
reiseauskunft.bahn.de" nochmals Auskünfte über die Zugfahrzeiten auf
der Strecke zwischen Köln und Frankfurt (Main) ein. Diese bezog sich
zunächst auf Abfahrten aus Frankfurt(Main) Hbf am 13.03.2020 von 4:00
Uhr stündlich rücklaufend bis 10:00 Uhr am 12.03.2020 und sodann auf
Abfahrten von Köln Hbf am 12.03.2020 ab 9:00 Uhr stündlich rücklaufend bis 18:00 Uhr am 11.03.2020 sowie die Abfahrtszeiten 11:26 Uhr,
10:26 Uhr und 9:26 Uhr von Köln Hbf am 11.03.2020.
Am Vormittag des 11.03.2020 erfolgte vom Laptop des Angeklagten aus
um 10:28:11 die Sucheingabe „Strafverteidiger Frankfurt am Main".

Im Lichte der vorangegangenen Nacht, in welcher der Angeklagte begonnen hatte, den tatgegenständlichen Streckenabschnitt zu manipulieren,
sendete er am 11.03.2021 um 19:12:12 Uhr an seinen Sohn [...] eine
Whatsappnachricht mit folgendem Inhalt

„Dein Alter Herr, kann mehr, wie nur Tresore knacken"

Während der Angeklagte weiterhin im „[...] Hotel" in Niedernhausen

wohnte, setzte er die begonnene Schienenmanipulation vom 11.03.2020
auf den 12.03.2020 sowie vom 12.03.2020 auf den 13.03.2020, jeweils
in der Zeit der Betriebsruhe, in gleicher Weise fort.

Am Vormittag des 13.03.2020 holte der Angeklagte mit seinem Laptop von 09:03:39 Uhr bis 09:26:44 Uhr nochmals Fahrplanauskünfte
hinsichtlich der Strecke zwischen Köln und Frankfurt (Main) ein. Diese
bezogen sich auf Abfahrten von Köln Hbf am 13.03.2020 ab 10:03 Uhr
stündlich fortlaufend bis zum 14.03.2020 um 02:03 Uhr und sodann auf
Abfahrten von Frankfurt(Main) Hbf am 14.03.2020 um 02:03 Uhr und sodann ab 03:03 Uhr stündlich rücklaufend bis 22:03 Uhr am 13.03.2020.

Am Abend des 13.03.2020 wechselte der Angeklagte in das ebenfalls in
Niedernhausen liegende „Hotel [...]". Er buchte sich dort unter falschem
Namen - [...] - und unter Angabe einer Hamburger Anschrift ein und teilte dem Hotelbetreiber mit, vier oder fünf Nächte bleiben zu wollen sowie,
dass sein Zimmer währenddessen nicht gereinigt werden solle. Aus Zeit-
mangel überprüfte der Hotelbetreiber die Personalien des Angeklagten
nicht, sodass dieser sich zunächst ohne Datenverifizierung unbehelligt in
das ihm zugeteilte Zimmer begab.

In der Nacht vom 13.03.2020 begab sich der Angeklagte ein letztes Mal
zum Tatort und löste in der Zeit der Betriebsruhe weitere Befestigungen
der bereits manipulierten Schiene entsprechend seinem Vorgehen in den
vergangenen Nächten. Nach seiner Tätigkeit in dieser Nacht hatte der
Angeklagte auf einer Strecke von circa 83 m die Schienenbefestigungen
an insgesamt 127 Betonschwellen vollständig gelöst. Dies reichte nach
seiner Vorstellung dazu aus, die Entgleisung eines Zuges herbeizuführen,
da die lateral über den manipulierten Streckenabschnitt hinweg nicht
mehr fixierte Schiene sich - wie der Angeklagte wusste - nunmehr
schleichend und ohne weiteres Zutun durch die bei folgenden Zugüber-
fahrten wirkenden Kräfte fortlaufend horizontal verschieben und die Spur
hierdurch bis zur Entgleisung eines überfahrenden Zuges erweitert werden würde. Hierbei wusste der Angeklagte, dass nicht bereits der erste
Zug, welcher die Stelle überfährt, entgleisen würde. Wie viele Züge
genau die von ihm manipulierte Strecke ohne zu entgleisen würden überfahren können oder wie lange der Zeitraum bis zum Eintritt einer Entgleisung sein würde, wusste der Angeklagte nicht. Darauf kam es ihm auch
nicht an. Die tatsächliche Gefahr der Entgleisung eines die manipulierte
Strecke unmittelbar nach Abschluss der Arbeiten des Angeklagten überfahrenden Zuges war sehr gering und nicht zu erwarten.

Der Angeklagte wusste jedoch, dass die Entgleisung eines Hochgeschwin-
digkeitszuges an dieser Stelle mit nicht unerheblicher Wahrscheinlichkeit
einen katastrophalen Verlauf nehmen und sodann den Tod einer unbestimmten Anzahl von Zuginsassen zur Folge haben würde. Jeder der die
manipulierte Strecke überfahrenden Züge war mit einer unbestimmten

Anzahl an Personen besetzt, was der Angeklagte auch wusste. In Anbetracht des bei ihm vorherrschenden Bedürfnisses, das von ihm erfundene Szenario eines Terroranschlags durch die von ihm beschriebene deutsch-französische Terrorzelle auf eine Hochgeschwindigkeitsstrecke unter Beweis zu stellen und damit seinem Geltungsdrang und seinem Streben nach Anerkennung nachzugeben, ordnete er das Schicksal der völlig ahnungslosen Zuginsassen der die Stelle überfahrenden Züge, die sich - auch nach der Vorstellung des Angeklagten - keines Angriffs auf ihr Lebens versahen, und infolgedessen keinerlei Handlungsmöglichkeiten zur Abwendung eines solchen hatten, der Gefährlichkeit seines Handelns unter, sodass er den im Falle einer tatsächlichen Entgleisung eintretenden Tod mehrerer Zuginsassen billigend in Kauf nahm. Dem Angeklagten war zudem auch bewusst, durch die Manipulation letztendlich eine länger andauernde Streckensperrung hervorzurufen, was er ebenfalls in Kauf nahm.

Als der Angeklagte sich am Abend des 14.03.2020 im Hotel „[...]" befand, kam er gegen 20:00 Uhr im dortigen Hotelrestaurant mit den Restaurantgästen [..] und ihrem Kollegen [...] sowie dem dortigen Kellner [...] ins Gespräch, was auch der Hotelbetreiber [...] und seine Frau [...] mitbekamen. In dessen Verlauf erzählte der Angeklagte, dass er im ITBereich, genauer im Bereich der Netzwerkadministration arbeite und gerade ein Unternehmen im Gewerbegebiet Eppstein West, Bremthal betreue, wo er immer nachts ein Netzwerk einrichte. Aus diesem Grund wohne er im Hotel Engel. Er habe zudem noch zwei Kollegen, welche im „[...] Hotel" ebenfalls in Niedernhausen untergebracht seien. Des Weiteren erzählte der Angeklagte, dass er eine eigene Firma habe und ein Programm entwickelt hätte, mit welchem man Inhalte des Darknets entschlüsseln könne, hiermit habe er E-Mails des Bundesministeriums und von Frau Merkel gelesen. Der Angeklagte berichtete ferner von einer ihm gehörenden Immobilie in Österreich und der Absicht, mit seiner Freundin ein Hotel in Monaco zu kaufen. Körperliche Beeinträchtigungen waren beim Angeklagten nicht erkennbar.

Gegen 22:00 oder 23:00 Uhr klingelte der Wecker auf dem Mobiltelefon des Angeklagten. Auf Nachfrage nach dem Grund hierfür durch die Zeugin [...] entgegnete der Angeklagte, dass er eigentlich zur Arbeit müsse, aber seine Kollegen würden das schon ohne ihn schaffen, er würde später dazu kommen.

Die Gesprächsrunde löste sich gegen 2:30 Uhr auf. Auf die Frage der Zeugin [...], ob der Angeklagte jetzt noch arbeiten gehe und, dass er ob seines Alkoholkonsums ja nicht mehr selbst fahren werde, antwortete der Angeklagte, dass er wahrscheinlich schon noch arbeiten gehen werde, jedoch ein Taxi nehmen oder sich von einem Kollegen abholen lassen werde. Tatsächlich begab sich der Angeklagte in dieser Nacht in sein Hotelzimmer ohne nochmals den Tatort aufzusuchen.

Da seitens der Betreiber des Hotels „[...]" ob des Eindrucks vom Angeklagten am vorhergehenden Abend und in Anbetracht dessen, dass
sie noch kein Ausweisdokument von ihm gesichtet hatten, Zweifel an
seiner Redlichkeit entstanden waren, begab sich die Mutter des Hotelbetreibers [...] am Vormittag des 15.03.2020 gegen ungefähr 10 Uhr
zum Zimmer des Angeklagten, der das Frühstück verpasst hatte, um ihn
zur Bezahlung seines Hotelaufenthalts aufzufordern. Nachdem die Mutter
des Hotelbetreibers den Angeklagten in seinem Zimmer angetroffen und
ihn um die Begleichung der Hotelrechnung gebeten hatte, legte sie ihm
unten an der Theke des Hotelrestaurants, an welcher sich der Angeklagte
sodann einfand, die Hotelrechnung vor. Der Angeklagte reklamierte die
dort aufgeführte Rechnungsanschrift um sich Zeit zu verschaffen. Während die Mutter des Hotelbetreibers diese ändern wollte, rannte der Angeklagte ohne erkennbare gesundheitliche Beeinträchtigungen aus dem
Hotel heraus auf den Parkplatz, wo er sich in sein Fahrzeug begab und
mit Vollgas wegfuhr. Die Mutter des Hotelbetreibers versuchte noch, den
Angeklagten von seiner Flucht abzuhalten, indem sie ihm vor das Auto
sprang, konnte jedoch nicht verhindern, dass der Angeklagte das Hotel-
gelände mit seinem PKW und sodann auch Niedernhausen verließ. In
dem Zimmer, das der Angeklagte im Hotel „[...]" bewohnt hatte, ließ er
verschiedene Sachen zurück. Hierunter befanden sich unter anderem der
Laptop des Angeklagten, ein Koffer mit diversen Kleidungsstücken und
Schuhen, ein Beutel mit Münzgeld, sowie verschiedene von ihm verfasste
Schreiben, unter welchen sich auch ein Handlungsprotokoll befand, in
welchem aufgeführt war, welche Adressaten welche Schreiben des Angeklagten erhalten sollten. Die Inhalte der Schreiben - nicht der Umstand,
dass der Angeklagte das Hotel verlassen hatte, ohne seinen Aufenthalt
zu bezahlen - veranlassten die Hotelbetreiber dazu, die Polizei zu verständigen. Die Beamten maßen den zurückgelassenen Schreiben jedoch
keine besondere Bedeutung zu.

Am gleichen Tag, um 13:04 Uhr versendete der Angeklagte über die
Telekom Mail App von seiner E-Mail Adresse „[...]" an die E-Mail Adresse
„Infopost@bundesregierung.de" eine E-Mail mit dem Betreff:

„meine Warnungen, Bitte um SOFORTIGE SPERRUNG DES ZUGVER-
KEHRS ICE ZTASSE KÖLN NACH FRANKFURT KM 143 BIS 144 AUS KÖLN
KOMMEND"

Diese E-Mail hatte folgenden Inhalt:
„Verehrte Frau Bundeskanzlerin,
verehrte Bundesregierung;
BITTE SPERREN SIE SOFORT DEN ZUGVERKEHR AUF DER ICE TRASSE
KÖLN NACH FRANKFURT!!!!!
ICH KONNTE ZU 100 % SEHEN, DAS DIE BEREITS BENANNTE TERROR-
ZELLE BEI KM 143 BIS 144 IN RICHTUNG FRANKFURT, SÄMTLICHE
GLEISSCHRAUBEN, HALTER UND ABSTANDHALTER ENTFERNT HAT,

DAMIT SICH DAS SCHLEICHEND NEHME ICH WOHL AN, ZU EINER ENT-
GLEISUNG DES ICE ENTWICKELT!!!
BITTE SOFORTIGE SPERRUNG!!!

Ich habe Ihnen erst kürzlich per Fax mitgeteilt, dass die Warnungen, welche ich Ihnen am 19.12.19 mitteilte, nun aktuell wurden.
In den vergangenen Wochen und Tagen, war ich dieser ernst angenommenen DUISBURGER Zelle auf den Fersen, diese wechselte ständig den
Ort, wie bereits mitgeteilt, nun hat man dort, über Tage die Gleise manipuliert.

Die Zelle ist gestern Nacht, Richtung Belgien geflüchtet.
Die zweite Zelle, für den nächsten Anschlag ist in Kassel, ich bin dran!
Sie können meinem Rechtsanwalt [...] in Frankfurt am Main Nachricht
zukommen lassen.

Ich habe es Ihnen in meinem letzten Fax vom 09.03.2020 mitgeteilt, das
man nun beginnt, die Anschläge in ganz Europa auszuführen und zuerst
in Deutschland!

Ich habe Ihnen auch mitgeteilt, das diese Zelle und deren zweite Garde
an Führung direkt, in den Hinterhof des Bundesamtes für Verfassungsschutz sieht und Sie machen nichts!

Die gesamten Behörden, haben diese extremste Terrorgruppe nicht auf
dem Schirm, aber mir wollten Sie nicht glauben.
Tja, großer Fehler, wie Sie wohl gleich sehen müssen.
Ich teile Ihnen weiter mit, welche meine Vorstellungen sind, um den Behörden, weiter behilflich sein zu können.

Von allen Punkten, welche ich Ihnen am 19.12.2019 mitteilte, weiche ich
nicht ab, denn die letzten Monate, waren zu viel, um an der Gruppe und
den Zellen dran zu bleiben. Auch Ihre Reaktion, bzw. keine Reaktion auf
alles. Natürlich waren z.B. die Summen viel zu hoch, aber ich war be-
rechtigt einfach sauer auf Sie, weil man sich so anstellte. Nun und auch
vorher wissen und wussten Sie, das ich stets die Wahrheit mitteilte,
immer! Alles trat ein, ALLES! Doch glauben, wollten Sie mir nicht, nun
haben Sie den Beweis und der nächste Anschlag, dürfte meiner Meinung
nach, wohl nur Tage dauern, denn ich sah, wie man schweres Werkzeug,
ab die Kasseler Zelle übergab!

Zu den Punkten!

Ich möchte von der erstgenannten Summe, zum 19.12.19, natürlich ab-
weichen, dennoch bliebe diese hoch und wird nicht verhandelbar sein!
Anstatt, der ersten Summe, für meine Hilfe und Verhinderung all dieser
Absichten der Gruppe in Gesamteuropa, und vor allem, nicht nur die

Verhinderung, sondern Unschädlichmachung, benannte ich am 19.12.19
eine Gesamtsumme, von 88,75 Milliarden Euro!
Zu leisten, in einer Überweisungssumme und einer Barsumme.
Die Gesamtsumme, von 88,75 Milliarden, reduziert sich auf, 55,365
Milliarden Euro, hiervon 365 Millionen in Bar, der verbleibende Rest von
55 Milliarden, zur Überweisung auf ein Treuhandkonto/Mandantenkonto,
bei einem Rechtsanwalt, oder nach Benennung, eines eigenen Konto, auf
dieses!

Der Baranteil, ist in den kommenden 24 Stunden zu leisten, alle weiteren
Punkte, auch welche ich benannte, für meine Arbeit, Hilfe und Unschädlichmachung, bleiben bestehen und sind ebenfalls, in den nächsten 24
Stunden zu leisten, in Gänze, wie ich Ihnen das am 19.12.19 bereits
mitteilte, Sie haben die damaligen Fristen versäumt und ich sagte Ihnen,
tun Sie das, wird alles und alles SOFORT zu leisten sein!
Nun ist dieser Fall eingetreten und ich glaube, das ist nun Ihr Versäum-
nis, nicht meines!

24 Stunden, sind ausreichend, um alles bereitzustellen, ich habe stets
alles eingehalten, was ich zum leisten im Stande war, Sie und die Regierung NICHTS!

WEITER!!!
Werden SOFORT alle Fahndungsmaßnahmen, Ermittlungen, Ausschrei-
bungen gegen mich eingestellt, und alle weiteren staatsanwaltlichen,
polizeilichen Maßnahmen, gleich welcher Art, SOFORT und alle Infosyste-
me, werden bereinigt, SOFORT!!!

Ich bin nun bereits der zweiten Zelle in Kassel auf der Spur und auf dem
Weg dorthin. Ich weiß, wo ich diese erneut aufspüren kann und werde sie
beobachten.
Ob man wieder einen Anschlag, auf einen ICE vorhat, oder auf einen nor-
malen Zug, welcher voll besetzt ist, weiß ich noch nicht, fahre aber heute
Abend noch nach Köln und treffe mich dort, mit dem bereits mehrfach
benannten [...].
Ich glaube, das bis zum nächsten Anschlag, nicht mehr, wie 1 bis 5 Tage
vergehen werden, also alles in allem, sehr akut!
Ich werde mein bestes geben, aber Sie nun auch!
Ich warne nicht nochmal!!!
Dann ist es mir egal, was die in Europa tun, doch Sie alle, jede Parteielite-
te, ist dann weg, denn Sie wissen, ich habe alle
informiert, ALLE!!!
Und zum Teil auch die Presse, welche sich erinnern wird, ganz sicher
sogar!!!
Leiten Sie nun erstmal umgehend den Stopp des ICE Verkehrs, auf der
benannten Strecke ein, das ist kein Witz,sondern ernst!!!
Der Zug, wird früher oder später die Gleise verdrängen und entgleisen!!!

Sie werden nun umgehend bereitstellen, bis heute Abend, die Barsumme, Fahrzeug, Führerschein und sonstiges wie benannt.
Ort und Zeit, wo ich das abholen lasse, teile ich mit!
Ich rate Ihnen, machen Sie keinen Fehler, denn dann, werde ich nicht mehr gewillt sein, irgendetwas zu tun!
Ich werde nun auch noch eine weitere Stelle informieren, falls Sie diese Mail, nicht gleich erhalten, damit der Zugverkehr, aufjedenfall gestoppt wird und alles behoben werden kann. Und noch etwas, geben Sie folgende Pressemitteilung raus, sonst fliege ich auf und jede Möglichkeit der Verhinderung in Gesamteuropa, wäre vertan!

AUFGRUND VON WARTUNGSARBEITEN, MÜSSTE VORÜBERGEHEND DER ICE VERKEHR, ZWISCHEN KÖLN UND FRANKFURT EINGESTELLT WERDEN!!!
Schreiben Sie nichts von Terror!!!
Und zum Punkt Nummer 2 der Verständigungspunkte, lassen Sie anstatt der benannten Mobilfunknummer im Fax vom 19.12.19, auch diese sofort schalten[...]!
Mit freundlichem Gruß[...]"

Der Angeklagte ging hierbei insbesondere aufgrund seiner bisherigen Erfahrung nicht davon aus, dass diese E-Mail eine Reaktion des Adressaten oder einer anderen Person hervorrufen würde, mithin zu einer Sperrung der manipulierten Strecke führen und eine Entgleisung verhindern würde.

Sodann rief der Angeklagte um 14:12:17 Uhr von seinem Mobiltelefon aus die Hotline der Bundespolizei unter der Telefonnummer 0800 6 888 000 an. Das Gespräch lief hierüber zunächst bei der Bundespolizei Koblenz (Sachbereich 11, Lage- und Einsatzzentrale) auf. Es kam folgendes Gespräch, das aufgezeichnet wurde, zustande:

Hotline: „Die Hotline der Bundespolizei, [...], schönen guten Tag."

Angeklagter: „Ja, guten Tag. Mein Name ist [...]. Ähm, ich muss eine Mitteilung machen. Auf der Bahnstrecke Köln, Richtung Frankfurt."

Hotline: „Ja."

Angeklagter: „Bei Kilometer 143 bis 144 hat eine deutsch-französische Terrorzelle die Gleise gelockert."

Hotline: „Was hat die?"

Angeklagter: „Die Gleise gelockert."

Hotline: „Äh, äh...in welchem Bereich ist das ungefähr?"

Angeklagter: „Auf der Strecke von Köln nach Frankfurt, Kilometer war dort gestanden, 143 und 144."

Hotline: „Das war, äh, das ist die, äh, Schnellfahrstrecke meinen Sie?"

Angeklagter: „Ja, genau."

Hotline: „Ja, warten Sie. Ich stelle Sie durch. Ein Moment, zu den Kollegen. Ein Moment."

Angeklagter: „Ne, machen Sie das jetzt bitte. Es ist dringend."

Hotline: „Ja, ich stell sie grad durch. Dann können die Kollegen direkt Einsatzmaßnahmen treffen."

Angeklagter: „Gut."

Anschließend wurde der Anruf an die örtlich zuständige Bundespolizeidirektion in Frankfurt am Main weitergeleitet. Eine Gesprächsaufzeichnung fand hier nicht statt.

Der weitergeleitete Anruf wurde von Polizeikommissar [...] entgegengenommen. Dieser wurde von dem weiterleitenden Beamten der Bundespolizeihotline darüber in Kenntnis gesetzt, dass jemand in der Leitung sei, der etwas über eine Strecke in seinem Zuständigkeitsbereich melden wollte.

Der genaue Wortlaut des Gesprächs zwischen PK [...] und dem Angeklagten konnte nicht aufgeklärt werden. Fest steht jedoch, dass der Angeklagte unvermittelt lossprach und mitteilte, dass er zwischen Fulda und Kassel ein Fahrzeug mit drei Insassen, welche einer Terrorzelle, die Anschläge plane, angehören, verfolge. Diese Terrorzelle verfolge er seit Monaten, die Behörden wüssten Bescheid, sein Gesprächspartner solle jetzt reagieren. Auf Nachfrage des Polizeikommissars [...], die dieser stellte, um die auf ihn irreal wirkenden Angaben des Angeklagten zu verifizieren, was für einem Auto der Angeklagte hinterherfahre, konnte der Angeklagte keine genauen Informationen nennen. Er äußerte, es handele sich eventuell um einen blauen 5er BMW. Eine weitere Nachfrage nach dem Kennzeichen dieses Fahrzeugs konnte der Angeklagte ebenfalls nicht beantworten. Er gab lediglich an, dass ein Teil des Kennzeichens „[...]" laute. Dies kam dem das Gespräch führenden Beamten PK [...] seltsam vor. Der Angeklagte sprach ferner von einem Anschlag auf die ICE-Strecke Köln-Frankfurt am Main und konkretisierte dies auch hinsichtlich der Bahnkilometer 143 bis 144. Als der Polizeikommissar [...] nach dem Namen des Angeklagten fragte, nannte dieser seinen Namen, meinte jedoch dies tue nichts zur Sache, der Beamte würde ihn nicht ernst nehmen. Auf Bitten nach der Mitteilung einer Rückrufnummer teilte der Angeklagte ungehalten wahrheitsgemäß seine Mobilfunknummer mit, welche der Polizeikommissar [...] im Wachbuch notierte und beendete sodann das Gespräch.

Seitens des Polizeikommissars [...] erfolgte ein umgehender Rückruf, bei dem er den Angeklagten jedoch nicht erreichte.
Während des Telefonats notierte der Polizeikommissar [...] die Angaben des Angeklagten stichwortartig und handschriftlich wie folgt im Wachbuch:

„[Name]"

„[Name]" „[Name]" „[Name]"

ICE Sch KÖLN - FFM

173 - 174 143 - 144 [Rufnummer] 3 männliche

„[Name]" Fulada - KASSEL

AUTO KFZ - KENNZEICHEN 5er BMW HG - dunkelblau „

Eine weitere Veranlassung - weder in Form von Meldungen noch von Dokumentationen - in Folge des Anrufs geschah seitens der Bundespolizei nicht, da Polizeikommissar [...] den Anruf des Angeklagten als nicht ernstzunehmend eingestuft hatte. Dies ergab sich daraus, dass der Angeklagte seine Nachfragen nicht hatte beantworten können und die gemachten Angaben dem Beamten realitätsfern, wirr und zusammenhanglos erschienen. Der Angeklagte selbst ging auch nicht davon aus, durch seinen Anruf bei der Bundespolizei weitere Veranlassungen ausgelöst zu haben, da er erkannte, von seinem Gesprächspartner nicht ernst genommen worden zu sein. Dies bestätigte sich im weiteren Verlauf, als in den folgenden Stunden keine Meldung hinsichtlich einer Streckensperrung der ICE-Strecke Köln-Frankfurt am Main zur Kenntnis des Angeklagten gelangte.

Im weiteren Verlauf machte der Angeklagte sich, ohne zunächst weitere Bemühungen hinsichtlich einer Meldung oder Beseitigung der Schienenmanipulation anzustellen, über Bad Soden Salmünster, wo er sich am 15.03.2020 und am 16.03.2020 aufgehalten hatte - wie lange sich der Angeklagte dort genau gewesen ist und wie seine Route weiter verlief, konnte nicht aufgeklärt werden - auf den Weg nach 23714, Malente, wo er sich vom 17.03.2020 bis zum 19.03.2020 in das Hotel „[...]" einbuchte.

Ein auf den 17.03.2020 datiertes 4-seitiges Schreiben des Angeklagten wurde vom Bayerischen LKA, wo es am 19.03.2020 eingegangen war, an

das Hessische LKA weitergeleitet. In diesem berichtete der Angeklagte
von einem nunmehr vollzogenen Anschlagsversuch der von ihm benannten Terrorgruppe auf die Hochgeschwindigkeitstrasse Köln - Frankfurt bei
Bahnkilometer 143 - 144.
Dieses Schreiben hatte unter anderem folgenden Inhalt:

„Hamburg, der17.03.2020 „[Name]"
Frankfurt am Main
An Frau Bundeskanzlerin Angelika Merkel „persönlich"
Bundeskanzleramt Berlin
per Fax an: 030-184002357
hier: meine Mitteilungen seit dem 19.12.2019
erneute Faxsendung an Sie vom 09.03.2020 (Faxbestätigung über Ihren
Erhalt anbei)

NUNMEHR ERSTER VOLLZOGENER ANSCHLAGSVERSUCH DER BEREITS
VON MIR BEKANNTGEMACHTEN DEUTSCH-FRANZÖSISCHEN TERROR-
GRUPPE; AUF DER ICE STRECKE VON KÖLN NACH FRANKFURT AM
MAIN, IN DER NACHT VON 14.03.2020 AUF DEN 15.03.2020 BEI STRE-
CKENKILOMETER 143-144; WARNUNG UND MELDUNG, ERFOLGTE
DURCH MICH AN DIE ZENTRALE DER BUNDESPOLIZEI;

Verehrte Frau Bundeskanzlerin Merkel und Kabinett;

ich teile Ihnen, seit dem 19.12.2019, immer und immer wieder mit, das
es diese deutsch-französische Terrorgruppe gibt und das diese beabsich-
tigt, in Gesamteuropa (Länder wurden benannt), Terroranschläge auf
TGV, ICE, vollbesetzte Züge und Gefahrengut Züge auszuüben.
SIE GLAUBTEN MIR NICHT!!!
NUN IST DER ERSTE ANSCHLAG EINGETRETEN!!!
DIESE WIE MITGETEILT; AUF EINE HOCHGESCHWINDIGKEITSTRASSE
VON KÖLN NACH FRANKFURT, BEI STRECKENKILOMETER 143 - 144!!!

Ich warnte mit persönlichen Anruf, unter Benennung meines vollständi-
gen Namen, die Zentrale der Bundespolizei, unter deren 0800 Nummer.
Hier wurde ich dann weiter verbunden, an einen sehr schwer von Begriff
zu scheinenden Mann, nannte nochmals alle Streckenangaben und bat,
um eine sofortige Sperrung der benannten ICE Strecke!!!
Ich beobachte tagelang, die erste Zelle, welche sich ursprünglich, von
Neu-Isenburg und Offenbach, in Richtung Duisburg begab. Diese Einzel-
heiten, benannte ich Ihnen bereits, in meinem Fax, vom 09.03.2020.
Hierzu ergänzend.

Man reiste von Köln, dann zuerst nach Kassel, dort traf man sich mit der
zweiten Zelle, welche, für den zweiten Anschlag vorgesehen ist, dann
weiter nach Fulda, dann wieder nach Neu-Isenburg und dann, verließ
man Neu-Isenburg ständig, tagelang in ein Waldstück, nahe Wiesbaden,

ca. 15 km entfernt, der nächstgelegene Ort ist Niedernhofen. Dies solange, bis mir mein Geld sogar ausging.

In der Nacht, des 14.03.2020, konnte ich nicht direkt an die Zelle ran, sondern konnte nur beobachten, wie man schwere Arbeiten ausführte, hier an der rechten Gleisführung.

Am Morgen des 15.03.2020, entdeckte ich dann dort in diesem Waldstück, wo ich bestimmt 10x war, dass man die
gesamten Gleisbefestigungen, ca. auf eine Länge von 150-200 Metern komplett entfernt hatte.
Schrauben, Halterungen, Abstandhalter!!!

Manches hatte man erst Minuten, bevor man wegfuhr, extra nochmal auf die Gleise davon gelegt. Sobald diese weg waren, entfernte ich diese Eisenstücke umgehend von dem Gleis und raste denen hinterher.
In einem nahem Gewerbegebiet, wurde die Zelle von zwei weiteren Fahrzeugen erwartet. Eines mit belgischen Kennzeichen, eines mit [...] Kennzeichen. Die Zelle, also zwei Personen, welche die Gleisanlage manipulierten, um eine Entgleisung herbei zu führen, stieg in das belgische Fahrzeug. Insgesamt vier Personen, waren in dem BMW der 5er Reihe mit [...] Kennzeichen. Einer davon, nahm das Fahrzeug der Tatausführenden Zelle, mit [...] Kennzeichen, die weiteren drei, fuhren zuerst Richtung Frankfurt, dann auf die Autobahn Fulda-Kassel.
Einen der Insassen erkannte ich, als eine Person der zweiten Zelle aus Kassel. Ich hängte mich an dieses Fahrzeug, weil ich annahm und wie mir später auch von [...] bestätigt wurde, das Fahrzeug mit dem belgischen Kennzeichen die Attentäter, nach Belgien verbringen wird und nun, die zweite Zelle, Ihren Anschlag ausüben wird.
Von [...] erfuhr ich, was mir auch noch am gleichen Tag, von [...] dem Kopf der gesamten Terrorgruppe bestätigt wurde, dass man je zwei Zellen, aus Belgien und den Niederlanden, nach Deutschland verbrachte, um hier nicht nur zwei, sondern mehrere Anschläge zu verüben. Man sah die Sperrungen der Reisewege durch das Corona Virus kommen und konzentriert sich nun erstmal auf Deutschland! Das bedeutet demnach, mit der Kasseler Zelle, sind nun noch weitere vier Zellen im Bundesgebiet, zur Verübung, weiterer Anschläge.

Ich fragte auch nach, was man denn nun eigentlich tat und [...] meinte zu mir, dass nun in wenigen Stunden, aber vielleicht auch erst in Tage, ein ICE entgleisen wird. Er erzählte mir nahezu alles, was ich ohnehin schon wusste und meinte, man setze darauf, das der Hochgeschwindigkeitszug, die gelösten Gleise, durch seine eigene Kraft verdrängen wird, um dann zu entgleisen!!!

Ich habe keine Vorstellung davon, ob das technisch möglich ist, aber die Absicht war und ist offensichtlich gewesen. Sie können nun gerne bei der

Bundespolizei nachfragen, auch bei der Bahn!
Ich habe Sie niemals belogen, seien es die gewollten Informationen zu
den Politikern in Deutschland und Frankreich gewesen, was sich dann
Monate später bestätigte. Sei es der mögliche Anschlag in Frankreichs
Süden, auf einen Supermarkt, durch einen marokkanischen Täter ge-
wesen, was dann ja leider auch wieder Monate später, mit einem Toten
Polizeibeamten endete.

Seien es die versuchten Anschläge auf die ICE Züge Ende 2018 Anfang
2019 gewesen, wo ich Ihnen mitteilte, dass das nicht [...] war, was sich
wieder später bestätigte und jetzt wieder.
Ich teilte Ihnen das ausführlich am 19.12.22019 mit und Sie ignorierten
ALLES!!!

Tja, nun konnte ich noch eine Katastrophe verhindern Frau Merkel, beim
nächsten Anschlag, vielleicht nicht mehr und warum???
WEIL SIE ALLE MIR NICHT GLAUBTEN UND WEIL SIE MICH NICHT
UNTERSTÜTZEN UND ALLES AUF DIE LEICHTE SCHULTER NAHMEN!!!
Wann nun der zweite Anschlag und auch wo stattfinden wird, weiß ich
noch nicht. Ich gehe von der Kasseler Zelle aus, denn so wurde es mir
schon vor Tagen mitgeteilt. [...]"

Dieses Schreiben löste - was der Angeklagte auch realisierte - ebenfalls
keine Streckensperrung oder eine Meldung an die Bahn aus.
Am Morgen des 20.03.2020 befuhr der ICE 5520, welcher von Dortmund
nach Frankfurt am Main unterwegs war, den vom Angeklagten manipulierten Streckenabschnitt. Zwischen Limburg Süd und der Abzweigung
Breckenheim, ungefähr beim Streckenkilometer 144, verspürte der Triebfahrzeugführer [...], der keinerlei Kenntnis von einer möglicherweise
bevorstehenden Störung hatte, um circa 7:26 Uhr während der Fahrt
einen seitlichen Schlag, eine sehr schnelle waagerechte Bewegung des
Zuges. Hierbei bewegte sich das gesamte Fahrzeug, also der Wagenkas-
ten. Ausgelöst wurde dies durch die horizontal wirkenden Kräfte, welche
aus der fortschreitenden Spurerweiterung durch die zwischenzeitlich
darüber gefahrenen ICEs resultierten, die infolge der vom Angeklagten
durchgeführten Manipulation der Gleise entstanden war. Ob durch die
Bewegung des Zuges Passagiere verletzt wurden oder stürzten, konnte
nicht aufgeklärt werden. Der Triebfahrzeugführer [...], der so ein Vor-
kommnis in seiner beruflichen Tätigkeit seit 1993 noch nicht erlebt hatte,
meldete das Ereignis dem Fahrdienstleiter Rhein-Main mit der Bitte den
nachfolgenden ICE langsamer über die Stelle fahren zu lassen. Der ICE
5520 hatte beim Passieren des vom Angeklagten manipulierten Streckenabschnitts eine Geschwindigkeit von circa 240 bis 250 km/h, statt der
dort üblichen maximalen Geschwindigkeit von 300 km/h gehabt, da an
der Abzweigung Breckenheim ein Halt gewesen war. Vor und nach dem
Befahren des manipulierten Streckenabschnitts lief der Zug normal ruhig.
Das Fahrzeug selbst war, bevor des der Triebfahrzeugführer [...] aus dem

Bahnbetriebswerk übernommen hatte, von seinem Vorgänger technisch überprüft worden und störungsfrei.

Auf die Meldung des Triebfahrzeugführers [...] beauftragte die Fahrdienstleitung den nachfolgenden Zug ICE 101 die Stelle mit einer geringeren Geschwindigkeit von nur 180 km/h oder 190 km/h zu befahren, was dieser umsetzte. Der Triebfahrzeugführer dieses Zuges stellte bei dem Überfahren des tatgegenständlichen Streckenabschnitts aufgrund der mit der abgesenkten Geschwindigkeit einhergehenden geringeren Fliehkräfte keine Besonderheiten fest. Daraufhin befuhr der diesem nachfolgende ICE 813 den Streckenabschnitt auf Geheiß der Fahrdienstleitung wieder mit einer erhöhten, aber noch unter der normalen, maximalen liegenden Geschwindigkeit. Diese betrug 230 km/h. Der Triebfahrzeugführer dieses Zuges, Herr [...], wurde von der Fahrdienstleitung vorher über die Wahrnehmungen der beiden vorhergehenden Triebfahrzeugführer informiert. Ungefähr bei Streckenkilometer 143,6 bemerkte der Triebfahrzeugführer des ICE 813 Herr [...] um grob 7:30 Uhr ein extremes Auftürmen des Zuges nach links, so dass er das Gefühl hatte, eine Achse sei entgleist. Diese Bewegung war so stark, dass der Triebfahrzeugführer [...] nur von seiner Armlehne im Sitz gehalten wurde und andernfalls herausgefallen wäre. Eine Kollegin des Triebfahrzeugführers, welche sich in dem Zug befunden hatte, fiel durch die Bewegung des Zuges fast um, ein anderer Kollege verschüttete aufgrund des Ereignisses seinen Kaffee. Davon berichteten sie dem Triebfahrzeugführer nach Fahrtende.

Ob Zuginsassen durch die Zugbewegung verletzt wurden, konnte jedoch nicht aufgeklärt werden. Hervorgerufen wurde diese Zugbewegung in gleicher Weise von der vom Angeklagten durchgeführten Streckenmanipulation und der damit einhergehenden Spurerweiterung. Der Triebfahrzeugführer [...], welcher seine Fahrt fortsetzte, informierte die Fahrdienstleitung über seine Wahrnehmungen und bat darum, die Strecke zu sperren. Überlegungen hinsichtlich der Überfahrt weiterer Züge mit einer geringeren Geschwindigkeit trat der Triebfahrzeugführer [...] entgegen. Ein Ereignis dieser Dimension hatte er zuvor während seiner beruflichen Tätigkeit als Lokführer seit 2010 noch nicht erlebt.

Der in Rede stehende Streckenabschnitt wurde sodann um 8:23 Uhr für den Zugverkehr gesperrt, wodurch eine sich realisierende Entgleisung verhindert wurde. Bis zu diesem Zeitpunkt hatten etwas mehr als 400 Züge das Gleis auf der vom Angeklagten manipulierten Strecke passiert. Hierdurch war es ausgehend von der ursprünglichen regelhaften Spurweite von 1.436 mm, welche der nicht manipulierte Bereich aufwies, zu einer Vergrößerung der Spurweite durch die Verschiebung der bogeninneren Schiene um bis zu 59 mm, mithin bis zu einem Maximalwert von 1.495 mm, gekommen. Hierbei stellte sich der nunmehr eingetretene Schienenverlauf so dar, dass dieser Maximalwert nach ungefähr 25 m

des manipulierten Streckenabschnitts erreicht wurde, in welchem sich die Spurweite bis zu diesem steigend vergrößerte. Von der Position des Maximalwerts an verkleinerte sich die Spurweite sodann wieder bis zum Ausgangswert von 1.436 mm nach circa 83 m Strecke.
Ohne Entdeckung der Schienenmanipulation hätte sich die Spurweite durch Folgezüge fortschreitend weiter vergrößert.

Die Entgleisung eines die tatgegenständliche Strecke befahrenden Zuges in Gestalt des dort üblicherweise verkehrenden ICE 3 wäre bei einer maximalen Spurweite von 1.523 mm eingetreten, also einer Spurerweiterung um nochmals 28 mm. Hierbei ist zu beachten, dass jede Zugüberfahrt die plastische Veränderung der Schienenposition umso mehr verändert, je größer die bereits vorhandene Positionsabweichung ist, mithin mit jeder Zugfahrt eine exponentielle Zunahme der plastischen Schienenbewegung und keine lineare Spurweitenveränderung eintritt. Ein Maximalwert von 1.523 mm Spurweite wäre voraussichtlich nach einem Befahren von weiteren 5 bis 30 Zügen - sofern sich diese im Hinblick auf Verschleißerscheinungen im Idealzustand befinden und auch die Schiene im Neuzustand gewesen wäre - mit einer Geschwindigkeit von 300 km/h erreicht worden, dann wäre es zu einer Entgleisung gekommen. Es kann jedoch nicht ausgeschlossen werden, dass auch Fahrzeuge mit im Toleranzbereich verschlissenen Radprofilen bzw. Federungs- und Dämpfungseigenschaften die Hochgeschwindigkeitsstrecke befahren hätten, so dass es unter ungünstigen Umständen auch hätte sein können, dass nur noch wenige Fahrzeuge die Strecke bis zu einer Entgleisung hätten befahren können.

Die Züge, welche den tatgegenständlichen Streckenabschnitt zwischen dem 10.03.2020 und dem 20.03.2020 passiert hatten, waren in Anbetracht der Beschränkungen durch den bundesweiten Lockdown aufgrund der Covid-19-Pandemie mit deutlich weniger Fahrgästen besetzt, als vorher üblich. Es kann jedoch ausgeschlossen werden, dass die Fahrgastzahlen eines Zuges bei 0 lagen, mithin ein Zug leer gewesen ist. In jedem Zug befand sich zudem neben dem Triebfahrzeugführer weiteres Zugpersonal, mithin in jedem Zug eine unbestimmte Vielzahl von Personen. Die genauen Folgen einer eingetretenen Entgleisung eines den tatgegenständlichen Streckenabschnitt befahrenden ICE-Zuges sind unabsehbar. Ein katastrophaler Ausgang mit einer Vielzahl von Toten ist jedoch, sowohl ohne Beteiligung von Gegenverkehr, als auch mit Beteiligung von Gegenverkehr, nicht ausgeschlossen, vielmehr sogar wahrscheinlich. Begünstigt wird dies durch die örtlichen Gegebenheiten des dem Manipulationsort nachfolgenden Streckenabschnittes, wie Dammlage und Straßen- bzw. Gleisüberführungen und die nahegelegene Tunneleinfahrt sowie die hohe kinetische Energie eines mit bis zu 300 km/h fahrenden ICE 3.

Um kurz nach 9 Uhr erreichte der verständigte technische Betriebsins-

pektor der Deutschen Bahn, Herr [...], den Tatort und setzte, nachdem
er das Ausmaß der Situation am Gleis wahrgenommen hatte, mithin
erkannte, dass das Befestigungsmaterial des bogeninneren Strangs in
Richtung Frankfurt entfernt und in den Schotter an der Seite abgelegt
worden war, über den Eisenbahnfunk einen Notruf ab und forderte über
die Fahrdienstleitung die Bundespolizei an.

Im Rahmen der nunmehr erfolgenden Spurensicherung wurden unter
anderem rote Lackantragungen an drei hintereinander folgenden Betonschwellen der manipulierten Schiene (von der Spurensicherung numme-
rierten Betonschwellen Nr. 58, 59 und 60) festgestellt. Die Lackantragungen der Betonschwellen 58 und 60 wurden unter der Spurnummer 1.4.90
bzw. 1.4.91 sichergestellt.

Nach Abschluss der Spurensicherung und Wiederherstellung der Stre-
ckensicherheit wurde die gesperrte Strecke am 21.03.2020 um 00:21
Uhr wieder freigegeben.

Zeitnah nach dem Bekanntwerden der Tat und der Meldung, dass die
Gleisanlage manipuliert wurde, übernahm das Hessische Landeskriminalamt die Ermittlungen, in deren Zuge aus dem Nachrichtenverkehr mit
dem Bayerischen Landeskriminalamt das auf den 17.03.2020 datierte
Schreiben des Angeklagten, welches am 19.03.2020 an das Bayrische
Landeskriminalamt gesendet wurde, zur Kenntnis der hessischen Ermitt-
lungsbehörde gelangte. Insbesondere die explizite Beschreibung der späteren Tatörtlichkeit in diesem Schreiben löste Ermittlungen zum Namen
des Angeklagten aus, in deren Rahmen sodann auch Erkenntnisse zu
dem Vorfall im Hotel „[...]“ in Niedernhausen am 15.03.2020 generiert
werden konnten, was auch unter dem zeitlichen Aspekt den Fokus noch
mehr auf den Angeklagten lenkte, dessen Aufenthalt sodann in 50259
Pulheim ermittelt wurde. Von Malente aus hatte sich der Angeklagte am
20.03.2020 in das dort liegende Hotel „[...]“ begeben, wo er sich bis zum
21.03.2020 unter dem falschen Namen „[...]“ und mit einer Hamburger
Adresse eingebucht hatte. Hier traf der Angeklagte am Nachmittag des
20.03.2020 auf den Hotelbetreiber [...], welchem er im Rahmen eines
kurzen Gesprächs wahrheitswidrig erzählte, dienstlich in der Gegend zu
sein und für das Amt für Verfassungsschutz zu arbeiten.

Am Abend des gleichen Tages traf der Angeklagte gegen 20 Uhr im
Restaurantbereich des Hotels „[...]“ erneut auf den Hotelbetreiber sowie
seine Ehefrau [...]. Während des sich zwischen den drei Personen entwi-
ckelnden Gesprächs, das insgesamt ungefähr eine halbe Stunde dauerte,
und welches sich sodann auf das Haupteinsatzgebiet des Angeklagten
bei seiner Tätigkeit für den Verfassungsschutz bezog, berichtete der
Angeklagte davon, dass ein Anschlag auf die Bahnstrecke Köln-Frankfurt am Main verübt worden wäre und er mit dabei sei, das aufzuklären.
Er erzählte dem Ehepaar [...], dass dort Schrauben gelockert, es aber

rechtzeitig entdeckt worden wäre. Durch die Arbeit seiner Gruppe sei gerade noch rechtzeitig Schlimmeres verhindert worden. Ferner erzählte der Angeklagte, dass durch die Masse/das Eigengewicht des Zuges die Schienen gehalten hätten. Bei dem Gespräch waren für den Hotelbetreiber [...] keine physischen Auffälligkeiten bei dem Angeklagten erkennbar. In der folgenden Nacht, am 21.03.2020, erfolgte sodann um 1:15 Uhr die Festnahme des Angeklagten in seinem Hotelzimmer im Hotel „[...]" durch das SEK, welches aufgrund der in Rede stehenden Verbindung der Gleismanipulation zu einem Geschehen mit terroristischem Hintergrund zum Einsatz kam.

Während der Angeklagte nach der Festnahme von dem ihn übernehmenden Polizeibeamten KOK [...] und dessen Kollegin mit dem Auto zum Polizeipräsidium Köln verbracht wurde, erzählte er, nach bereits im Hotelzimmer erfolgter Belehrung als Beschuldigter, dass er mit seiner Festnahme bereits gerechnet habe, da er Kenntnis über einen Terroranschlag in Deutschland habe. Er habe Kenntnis von einem Personenkreis, dem Personen mit den Namen „[...]" und „[...]" angehören. Diese Terrorzelle sei in Hamburg und Kassel ansässig und plane etwas in Deutschland. Die Aufgabe des Angeklagten sei es gewesen, die beiden zu beobachten und zu prüfen, was sie machen, um im Ernstfalle einschreiten zu können. Er habe die beiden Personen verfolgt und gesehen, wie sie sich unter der Verwendung von Spezialwerkzeug an Bahngleisen zu schaffen gemacht haben und auch Gegenstände auf die Gleise haben legen wollen, um einen Zug zum Entgleisen zu bringen. Der Angeklagte sei sodann, nachdem die Personen weg gewesen seien, dort hingegangen und habe die gröbsten Gegenstände weggenommen, damit nichts passiere. Dies habe er dann der Polizei mitteilen wollen und sei zunächst über den Notruf mit der Polizei in Koblenz verbunden worden. Als sein Anruf dann weitergeleitet worden sei, habe ihn der dortige Polizist nicht ernst genommen. Aus diesem Grund habe er selbst die Observation weiter aufgenommen und die Personen in Köln aufgespürt. In einer günstigen Gelegenheit habe der Angeklagte ihnen dann ihr Werkzeug aus dem Auto genommen und es in sein Auto verbracht. Anschließend habe er sich in sein Hotelzimmer begeben.

Bei der im folgenden durchgeführten Durchsuchung des PKW des Angeklagten wurde in dessen Kofferraum unter anderem ein zur Tatausführung geeigneter T-Schlüssel und ein rotes Brecheisen sowie ein Stahlrohr gefunden. Die an den Betonschwellen am Tatort gefundenen roten Lackspuren, welche mittels Lackabrieben gesichert wurden, stimmen hinsichtlich ihrer chemischen Eigenschaften mit dem Eigenlack des roten Brecheisens überein. Auf der Rückbank des Fahrzeugs befand sich eine Herrenjacke, in deren Außentasche ein Notizzettel steckte. Auf diesem Zettel waren handschriftlich auf Vorder- und Rückseite Zugverbindungen und Zugfahrzeiten welche entlang der Strecke zwischen Köln und Frankfurt am Main verlaufen, vermerkt.

Erkenntnisse hinsichtlich der vom Angeklagten beschriebenen Terrorzelle konnten im Rahmen der Ermittlungen, welche auch dahingehend geführt wurden, unter keinem Gesichtspunkt generiert werden.
Der Angeklagte war bei der Tatbegehung voll schuldfähig.

III.
1.
Die unter I. getroffenen Feststellungen zu den persönlichen Verhältnissen des Angeklagten beruhen auf dessen Einlassung in der Hauptverhandlung, soweit ihr gefolgt werden konnte. Soweit der Angeklagte angegeben hat, durch seine körperlichen Befunde so schwer belastet zu sein, dass er keinerlei Druck-, Hebe- oder Drehbewegungen ausführen könne, ohne dass sofort beide Beine und Arme versagen und er ab der Gürtellinie gelähmt sei, was selbst bei kleinen Dingen im Alltag geschehe, weshalb selbst das Fahrradfahren ein zu großes Risiko sei sowie durch seine Asthmaerkrankung an zwei bis fünf Erstickungsanfällen täglich zu leiden, erachtet die Kammer dies nicht als glaubhaft und hat dies mithin ihrer Entscheidung nicht zugrunde gelegt. Vor dem Hintergrund des persönlichen Eindrucks vom Angeklagten in der Hauptverhandlung und seinem dort gezeigten Bewegungsvermögen sowie den Ausführungen des Sachverständigen Prof. Dr. [...] zur körperlichen Belastbarkeit des Angeklagten ((weitere Ausführungen hierzu siehe 2.a.bb.(7)) geht die Kammer davon aus, dass diese Schilderung des Angeklagten über dessen tatsächliche Beeinträchtigungen weit hinausgeht.
Die Feststellungen zu den Vorstrafen des Angeklagten beruhen auf der Verlesung der Auskunft des Bundesamts für Justiz vom 22.12.2020 zur Person des Angeklagten sowie der auszugsweisen Verlesung der Gründe der den Angeklagten betreffenden Urteile des [....].

2.
Zur Sache hat sich der Angeklagte vor der Kammer nicht eingelassen. Er ist der Tat, so wie sie unter II. festgestellt wurde, jedoch aufgrund der durchgeführten Beweisaufnahme überführt.
a.
Dass der Angeklagte derjenige ist, der die tatgegenständliche Gleismanipulation durchgeführt hat, steht für die Kammer nach Durchführung der Beweisaufnahme ohne jeden Zweifel fest. Diese Überzeugung beruht - auch ohne eine Einlassung des Angeklagten vor der Kammer - auf einer Vielzahl einzelner Indizien, welche in ihrer Gesamtschau jeden vernünftigen Zweifel an der Täterschaft des Angeklagten im Sinne des Urteilsspruchs zurücktreten lassen.
aa.
Allem voran sind die Angaben des Angeklagten dahingehend, dass eine islamistische Terrorzelle für die festgestellte Gleismanipulation verantwortlich sei, eindeutig widerlegt. Dass es sich bei den seit Jahren und insbesondere mit Datum vom 19.12.2019 gemachten Ausführungen des Angeklagten gegenüber politischen und öffentlichen Stellen sowie großen

Wirtschaftsunternehmen, deren Inhalte aus den im Selbstleseverfahrenen eingeführten Schreiben und den Bekundungen der Zeugin KOK'in [...] hervorgehen, nicht um eine Wiedergabe der Realität handelt, sondern die beschriebene Terrorzelle und die mit ihr verbundene Anschlagsgefahr vollständig der Fantasie des Angeklagten entstammen, ergibt sich bereits aus dem vor keinem Hintergrund schlüssigen Bild, welches der Angeklagte von der Terrorzelle und seinem Kontakt zu dieser zeichnete. Es ist kein Grund dafür ersichtlich, dass ausgerechnet der Angeklagte exklusiven Zugang zu den Planungen einer islamistischen Terrorzelle haben sollte, insbesondere vor dem Hintergrund, dass es mehr als abwegig erscheint, dass diese - unterstellt man ihre Existenz - den Angeklagten als Außenstehenden über ihre Tätigkeiten und Vorhaben informiert, würde dies doch den Zweck der beschriebenen Anschlagspläne gefährden. Zudem enthalten die Schreiben des Angeklagten nur wenig konkrete Informationen über die Personen, welche der Terrorzelle angehören sollen. Zwar teilt der Angeklagte deren Vornamen mit und beschreibt teilweise ihren angeblichen Aufenthaltsort; genauere hierüber hinausgehende Informationen, die eine eindeutige Identifizierung der Personen zulassen würde, gibt der Angeklagte jedoch nicht an. Auch der Gesamtzusammenhang der Inhalte der Schreiben des Angeklagten weisen einen so irrealen Charakter auf, dass die Kammer hieraus schließt, dass auch die Existenz der Terrorzelle nicht auf wahren Begebenheiten beruhen kann. Es ist unter keinem Gesichtspunkt vorstellbar, dass der Angeklagte, wie er es beschreibt, alleine zur Abwehr der beschriebenen Terrorzelle in der Lage und diesbezüglich sogar professionellen staatlichen Stellen überlegen wäre. Weder verfügt der Angeklagte über eine entsprechende Ausbidung, noch die Ressourcen hierzu. Bestätigt wird dies überdies durch die Ausführungen des Zeugen POK [...], welcher beim Hessischen Landeskriminalamt im Bereich des polizeilichen Staatsschutzes tätig und dort mit Islamismusermittlungen befasst ist. Er führte in schlüssiger Weise aus, dass Abfragen hinsichtlich der vom Angeklagten genannten Namen von Mitgliedern der angeblichen Terrorzelle in einem auf den 17.03.2020 datierten Schreiben, welches der Angeklagte an das Bayerische LKA versandt hatte, erfolgt seien, jedoch hinsichtlich der tatsächlichen Existenz der Terrorgruppe keinerlei Erkenntnisse generiert werden konnten. Dies habe auch daran gelegen, dass die sich ergebenden Ermittlungsansätze über eine bloße vage Nennung von Vornamen nicht hinausgegangen seien.
bb.
Der Angeklagte hatte die Gelegenheit zur Tatausführung und ein Motiv.

(1) Umfassende Vorbereitungshandlungen
Die Kammer ist davon überzeugt, dass der Angeklagte in den Wochen vor der Tatausführung umfangreiche Vorbereitungshandlungen im Hinblick auf das Lösen der tatgegenständlichen Schienenbefestigungen durchgeführt hat. Diese deckten alle wesentlichen Bereiche ab, die notwendig waren, um ihn in die Lage zu versetzen, die Tat, so wie sie fest-

gestellt worden ist, durchzuführen. Mit fortschreitender Zeit verdichteten sich die Vorbereitungshandlungen und wiesen im Verlauf bis zum Beginn der Tatausführung am 10.03.2020 einen immer weitergehenden Konkretisierungsgrad auf.

(a) Recherchen mit Bezug zu Gleisbau
Wesentlich sind hier die festgestellten im Vorfeld der Tat von dem Angeklagten durchgeführten Internetrecherchen, beginnend ab dem 19.02.2020 und zuletzt am 04.03.2020, welche sich mit der Reparatur von Gleisen, Schienenausbesserung und Gleisbau beschäftigen. Diese haben sich zunächst aus der Auswertung des Mobiltelefons des Angeklagten (Hersteller Huawei, Ass.-Nr. 5.1.3.1.) ergeben, deren Ergebnisse die Zeugin KHK'in [...], welche mit der Analyse der beim Angeklagten sichergestellten Mobiltelefone befasst war, im Rahmen ihrer Vernehmung in der Hauptverhandlung nachvollziehbar schilderte. Hiernach erfolgte die Auswertung anhand der durch eine Datensicherung gesicherten Daten, nicht am Original-Mobiltelefon. Als Gerätebenutzer war eine Rufnummer hinterlegt, für welche der Angeklagte Anschlussinhaber ist, woraus, neben dem Umstand, dass das Gerät, wie die Zeugin ebenfalls bekundete, bei dem Angeklagten sichergestellt wurde, folgt, dass dieser das Telefon auch für sich genutzt hat und mithin selbst die unter II. festgestellten Recherchen tätigte.

Die weiteren Recherchen zu Gleisbau, Gleisbaufirmen in verschiedenen Städten sowie für den Gleisbau notwendiges Werkzeug waren das Ergebnis der Auswertung des sichergestellten Laptops der Marke „Acer" des Angeklagten (Ass.-Nr. 6.1.1.6.), welche anhand gesicherter Daten durch KOK [...] im Rahmen seiner Arbeit in der „SOKO Gleis" erfolgte.
Dies ergab sich aus der Verlesung des von KOK [...] verfassten inhaltlich schlüssigen Vermerks vom 08.04.2020 in der Hauptverhandlung.
330 Der Laptop wurde in dem vom Angeklagten bewohnten Hotelzimmer des Hotels „[...]" in Niedernhausen sichergestellt, was durch die Inaugenscheinnahme der Lichtbildmappe vom 20.03.2020 betreffend das Hotel „[...]", welche von POK [...] erstellt wurde - hier neben den Bildern 010 und 011 insbesondere das in Augenschein genommene Bild 006, welches den schwarzen Laptop der Marke „Acer" in einem geöffneten Koffer liegend zeigt, belegt wird. Dass der Angeklagte den Laptop dort zurückgelassen hatte, ergibt sich aus der Aussage der Zeugin [...] in der Hauptverhandlung, die bekundete, den Laptop in dem vom Angeklagten bewohnten Zimmer zugeklappt auf dem Schreibtisch vorgefunden zu haben, nachdem der Angeklagte das Hotel [...] am 15.03.2020 überstürzt verlassen hatte. Dass die Zeugin bekundete, den Laptop auf dem Schreibtisch vorgefunden zu haben und nicht, wie sich aus der Lichtbildmappe ergibt, in einem geöffneten Koffer liegend, lässt sich zwanglos damit erklären, dass die Ermittlungsbeamten im Rahmen der Sicherstellung und Anfertigung der Lichtbildmappe die Lage des Geräts verändert haben und steht einer Glaubhaftigkeit der Angaben der Zeugin mithin nicht ent-

gegen. Hieraus folgt, dass der sichergestellte Laptop vom Angeklagten genutzt und mithin auch die Recherchen von ihm durchgeführt wurden. Es sind keine Anhaltspunkte für eine Nutzung durch Dritte erkennbar. Die sich wiederholenden gleisbaubezogenen Recherchen des Angeklagten stellen Indizien dafür dar, dass der Angeklagte sich intensiv mit der Vorbereitung der Tat beschäftigte und ihre Umsetzung vor der Ausführung plante. Die Recherchen stehen zur Tatausführung sowohl in einem sachlichen als auch in einem engen zeitlichen Zusammenhang. Der Angeklagte führte die Recherchen einige Wochen bis zuletzt einige Tage vor der erfolgten Manipulation der Schienen durch, mithin in dem Zeitraum, in welchem eine Vorbereitung der gegenständlichen Tat zu erwarten gewesen ist. Es sind auch keine anderen Gründe für diese - thematisch sehr speziellen - Recherchen des Angeklagten ersichtlich. Es bestehen weder Anhaltspunkte für eine entsprechende Affinität des Angeklagten zu diesem Themenkreis, so dass eine Recherche rein aus Interesse naheliegen würde, noch ist der Angeklagte beruflich oder privat in sonstiger Weise mit dem Gleisbau verflochten.

Die Laienhaftigkeit des Angeklagten in Bezug auf diesen Themenkomplex spricht im Übrigen auch dafür, dass der Angeklagte mangels überlegener Informationsquellen oder eigener bereits bestehender Kenntnisse auf die Informationsbeschaffung durch Internetrecherchen angewiesen war, wenn er die Tat in dem ihm fremden Betätigungsfeld durchführen wollte. Dies gilt insbesondere, da für die Tatausführung einem Laien üblicherweise nicht geläufige Informationen, wie beispielsweise der Aufbau von Schienenbefestigungen, erforderlich waren.

Auch vor dem Hintergrund der Angaben des Angeklagten dahingehend, einer Terrorzelle auf der Spur zu sein, lassen sich die in Rede stehenden Recherchen - ungeachtet der Tatsache, dass die Kammer von der Nichtexistenz der Terrorzelle ohne jeden Zweifel überzeugt ist - nicht erklären, da selbst in diesem Fall Kenntnisse des Angeklagten zum Gleisbau und zu Gleisbaufirmen nicht von Bedeutung sind.
(b) Recherchen mit Bezug zu ICE Strecken

Dass der Angeklagte am 26.02.2020 - mithin ebenfalls im nahen Vorfeld der Tat - Recherchen zu ICE Strecken und dem Streckennetz durchführte, ergibt sich aus der Auswertung des Laptops des Angeklagten durch KOK [...], deren Ergebnisse die Kammer durch Verlesung des von ihm unter dem 06.04.2020 verfassten inhaltlich schlüssigen Vermerks eingeführt hat. Gleiches folgt aus den Bekundungen der Zeugin KHK'in [...], welche im Rahmen der Hauptverhandlung die Ergebnisse der von ihr ausgeführten Auswertung des Mobiltelefons des Angeklagten der Marke Samsung (Ass.-Nr. 5.1.7.) darlegte und bekundete, dass sich hieraus am 06.03.2020 der Download einer Übersicht des ICE Netzes 2020 ergeben habe. In Anbetracht des Umstandes, dass das in Rede stehende Mobiltelefon, wie die Zeugin KHK'in [...] bekundete, neben dem Zweitgerät

der Marke Huawei bei dem Angeklagten sichergestellt wurde, geht die
Kammer mangels objektiv belegbarer Hinweise auf alternative Gesche-
hensabläufe davon aus, dass dieses dem Angeklagten gehörte, er dieses
nutzte und auch diese Recherchen selbst tätigte.
Auch die Recherchen des Angeklagten hinsichtlich ICE Strecken bzw.
dem ICE Streckennetz sind Indizien dafür, dass der Angeklagte Vorbereitungen für die Durchführung der ihm zur Last gelegten Tat getroffen hat.
Die Kammer betrachtet sie als Informationsbeschaffung für die Auswahl
einer möglichen Tatörtlichkeit. Dies ergibt sich zum einen aus dem engen
zeitlichen Zusammenhang zur Tat, welche wenige Wochen bzw. mehrere
Tage später folgte, zum anderen aus dem sich zwanglos erschließenden
Sachzusammenhang. Hierbei verkennt die Kammer nicht, dass dem
Grunde nach - auch mehrfache - Recherchen hinsichtlich des ICE-Stre-
ckennetzes für sich genommen keine indizielle Bedeutung hinsichtlich der
Begehung einer Straftat haben. In Anbetracht des konkreten Zusammenhangs und des sich nahtlos in die Zusammenschau der festgestellten
Vorbereitungshandlungen einfügenden Umstandes kommt den in Rede
stehenden Recherchen im hiesigen Fall jedoch eine Indizwirkung hinsichtlich der Täterschaft des Angeklagten zu. Dies gilt insbesondere vor
dem Hintergrund, dass der Angeklagte sich nach seiner Haftentlassung
mit seinem Auto deutschlandweit bewegte, jedoch keinerlei Erkenntnisse
hinsichtlich der Nutzung des Fernverkehrs der Deutschen Bahn gewonnen
wurden, mithin eine beabsichtigte Nutzung einer ICE-Strecke als Passa-
gier eines Zuges im konkreten Fall des Angeklagten unwahrscheinlich ist.

(c) Recherchen nach Strafverteidigern
Die Feststellungen bezüglich der Recherchen des Angeklagten zu Frankfurter Strafverteidigern beruht auf der Auswertung des sichergestellten Laptops des Angeklagten durch KOK [...], deren Ergebnisse die
Kammer durch Verlesung des von ihm hierzu verfassten Vermerks vom
09.04.2020 eingeführt hat.

Diese Recherchen haben ebenfalls indizielle Bedeutung hinsichtlich vom
Angeklagten getroffener Vorbereitungshandlungen. Sie weisen einerseits
darauf hin, dass der Angeklagte Vorkehrungen dafür treffen wollte, vor,
bei oder nach der Tatausführung entdeckt zu werden und sich hierfür
strafrechtlich verantworten zu müssen. Andererseits folgt für die Kammer
aus der Spezifizierung des Ortes Frankfurt, dass zu diesem Zeitpunkt zumindest eine grobe Auswahl der Tatörtlichkeit bzw. des Tatortgebiets in
Gestalt des Rhein-Main-Gebiets erfolgt war und der Angeklagte beabsichtigte, sich demnächst in diese Region zu begeben. Dies ergibt sich auch
aus dem naheliegenden Schluss, im Falle einer Strafverfolgung einen
tatort- bzw. gerichtsnahen Verteidiger zu beauftragen.

Ein alternativer Anlass zu entsprechenden Recherchen des Angeklagten,
beispielsweise vor dem Hintergrund einer Suche nach Hilfe bei der Abwicklung einer von ihm erwarteten Erfüllung seiner gegenüber verschie-

denen Adressaten geäußerten Forderungen für die von ihm beschriebene Verfolgung und Unschädlichmachung einer Terrorzelle, erscheint der Kammer nicht naheliegend. Zwar wäre es ob des utopischen Charakters und der Vielzahl und Höhe der Forderungen nicht fernliegend, sich im Falle einer tatsächlichen Abwicklung anwaltlicher Hilfe zu bedienen. Vor dem Hintergrund, dass die Recherchen des Angeklagten sich jedoch explizit auf Strafverteidiger bezogen und für die geschilderte Motivation ein Rechtsanwalt eines anderen Fachgebiets geeigneter erscheint, geht die Kammer nicht davon aus, dass diese Recherchen des Angeklagten zu einem anderen Zweck als der Vorsorge für den Fall einer eigenen Strafverfolgung erfolgten.

Hierbei verkennt die Kammer nicht, dass es grundsätzlich auch möglich ist, dass diese vom Angeklagten befürchtete Strafverfolgung sich auf eine andere von ihm begangene Tat zurückführen lässt. In Ansehung des nahen örtlichen und vor allem des zeitlichen Zusammenhangs zu der zur Verurteilung gelangten Tat geht die Kammer jedoch von einem Bezug zu dieser aus.

Erste Recherchen nach Frankfurter Strafverteidigern erfolgten zunächst einige Tage bzw. wenige Wochen vor der durchgeführten Schienenmanipulation. Weitere folgten sodann wenige Stunden vor und wenige Stunden nach der ersten Nacht, in welcher nach den unter II. getroffenen Feststellungen die in Rede stehenden Schienenbefestigungen gelöst wurden. Zudem schickte der Angeklagte seinem Sohn [...] am Abend des 10.03.2020, mithin kurz vor dem festgestellten nächtlichen Beginn der Tatausführung, per Whatsapp die Daten eines Frankfurter Strafverteidigers. Der Angeklagte versah die Nachricht mit dem Hinweis, es sei für alle Fälle, falls etwas passiere, was sich aus den schlüssigen Bekundungen der Zeugin KHK'in [...], welche die Ergebnisse ihrer Auswertung des Mobiltelefons des Angeklagten der Marke Samsung darlegte, ergibt. Auch dies legt nahe, dass die Recherchen zur Vorsorge für eine aus der kurz bevorstehenden Tatausführung resultierenden Strafverfolgung dienten.

(d) Recherchen Terroranschläge
Die Feststellung, dass der Angeklagte am 05.03.2020 nach Nachrichten über entgleiste Züge und der Gefahr von 345 Die Feststellung, dass der Angeklagte am 05.03.2020 nach Nachrichten über entgleiste Züge und der Gefahr von Terroranschlägen auf die Bahn recherchierte, beruht auf dem in der Hauptverhandlung verlesenen Vermerk, welchen KOK [...], der mit der diesbezüglichen Auswertung des Laptops des Angeklagten befasst war, unter dem 14.04.2020 verfasst hat. Diese Recherche ist ein Indiz für die Täterschaft des Angeklagten, da sich hieraus ergibt, dass der Angeklagte im Vorfeld der Tat Erkundigungen über die öffentliche Wahrnehmung einer existierenden Anschlagsgefahr auf Züge sowie die Folgen einer tatsächlich eingetretenen Entgleisung im Elsass angestellt hat. Das sich hieraus ergebende besondere Interesse des Angeklagten

an diesem Themenfeld in unmittelbarem zeitlichen Zusammenhang zur
Tat ist ebenfalls ein Umstand, welcher dafür spricht, dass der Angeklagte
sich Anfang März 2020 in einer Phase der Tatvorbereitung befunden hat.

(e) Google Earth Recherchen
Die Feststellungen hinsichtlich der Recherchen des Angeklagten betreffend den tatörtlichen Streckenabschnitt der ICEStrecke von Köln nach
Frankfurt am Main am Morgen und am Nachmittag des 10.03.2020 unter
Verwendung des Programms „Google Earth Pro" beruhen auf den nachvollziehbaren und überzeugenden Angaben des Sachverständigen [...].
Der Sachverständige führte aus, mit der Analyse und Aufbereitung der
Daten des Notebooks des Angeklagten mit speziellem Fokus auf die Programme Google Maps und Google Earth beschäftigt gewesen zu sein.
Mittels der Software Axiom habe er die internetbezogenen Spuren auf
dem sichergestellten Notebook aufbereiten können. Dabei habe sich ergeben, dass mit dem Laptop des Angeklagten die Software Google Earth
Pro heruntergeladen und häufiger gestartet und verwendet wurde. Um
herauszufinden, was genau mit dieser Software gemacht worden sei,
habe ihr Verhalten nachgestellt und analysiert werden müssen, da der
Quellcode der Software vom Hersteller Google nicht frei verfügbar sei.
Hierbei habe der Sachverständige geschaut, wie die Software aufgebaut
sei und habe den PC dahingehend beobachtet, welche Daten er beim
Starten der Software wo ablege. Bei der Software Google Earth Pro handele es sich um eine Geosoftware, also einen virtuellen Globus, in welchen der Benutzer hineintauchen könne. In der letzten Detailstufe könne
man sich als Beobachter virtuell in die jeweilige Straße hineinsetzen und
verfüge sodann über eine Bodenansicht. Um herausfinden zu können,
was mit der Software angeschaut worden sei, sei ein Zugriff auf die
Cache Dateien erforderlich gewesen. Dies aufgrund der Tatsache, dass
die im Rahmen der Verwendung des Programms heruntergeladenen Karteninformationen zwischengespeichert („gecacht") werden, um bei wiederholter Verwendung nicht erneut von den Servern geladen werden zu
müssen, was der schnelleren und angenehmeren Nutzung der Software
diene. Hierbei werden verschiedene Cache Dateien in einer Leveldb2
Struktur angelegt, deren Datum den Zeitpunkt des Herunterladens zeige,
was dem Zeitpunkt des erstmaligen Benötigens der jeweiligen Karteninformation entspreche.

Des Weiteren würden die im Rahmen der Verwendung des Programms
Google Earth Pro eingegebenen Suchbegriffe und deren Vorschläge bzw.
Ergebnisse im Rahmen von Log Dateien gespeichert. Zu Beginn dieser
Dateien sei die jeweilige Suchanfrage als URL aufgelistet, die Antwort auf
die Anfrage sei unterhalb gespeichert, zusätzlich könne mittels der Log-
Dateien die lokale Computerzeit mit der des Google Servers verglichen
werden, da die Datei zum Zeitpunkt der Erzeugung einen lokalen Zeitstempel erhalte und der Inhalt die Serverzeit zeige. Um sodann das
Nutzungsverhalten zu analysieren, hätten der gespeicherte Cache und

die Informationen der gespeicherten Suchen genutzt werden können.
Bei der Auswertung habe sich zudem die festgestellte Sucheingabe am
10.03.2020 im Hinblick auf die ICE Strecke von Köln nach Frankfurt am
Main ergeben. Mittels der Software Google Earth Pro und dem intergier-
ten Cache habe ohne eine Internetverbindung, mithin ohne Verbindung
zu den Google Servern, überprüft werden können, welcher Detailgrad in
den Cache Dateien abgespeichert sei. Mangels der Möglichkeit, weitere
Karteninformationen von den Google Servern über das Internet abru-
fen zu können, zeige dies nämlich, welche Ansichten mit dem Computer
bereits angesehen worden seien, da das Programm nunmehr nur noch
auf bereits im Rahmen einer vorherigen Nutzung gespeicherte Karteninformationen zurückgreifen könne. Zudem könne der Zeitpunkt der
Cacheerstellung überprüft werden. Zu beachten sei hierbei jedoch, dass
mittels dieses Verfahrens keine Herstellung einer tabellarischen Auflistung der betrachteten Orte möglich sei. Es können vielmehr nur die Orte,
die von besonderem Interesse seien, explizit betrachtet und auf ihren
Detailreichtum hin überprüft werden. Zudem könne hierbei nur festgestellt werden, ob und wann der jeweilige Ort erstmalig angesehen wurde
und in welcher Detailstufe dies geschehen sei. Ob ein Aufruf danach
wiederholt worden sei, wie oft und wann, sei anhand der Dateien nicht
erkennbar, da diese nur bei der erstmaligen Verwendung heruntergeladen werden. Der Sachverständige führte weiter aus, dass sich vor diesem
Hintergrund aus den gespeicherten Cache Dateien die festgestellten
Betrachtungen des tatgegenständlichen Streckenabschnitts in Niedernhausen am 10.03.2020 ergeben hätten. In diesem Bereich sei anhand
der hier liegenden geladenen Kacheln erkennbar, dass sehr nah herangezoomt und sich hin und her bewegt worden sei. Dies verdeutlichte der
Sachverständige auch anhand einer Präsentation des Programms unter
Rückgriff nur auf die gespeicherten Dateien, aus welcher sich ergab, dass
der tatgegenständliche Streckenabschnitt herangezoomt in der höchsten
Detailstufe zu erkennen war, der hiervon etwas entfernt gelegene Ort
Eppstein beispielsweise jedoch deutlich unschärfer dargestellt wurde.
Diesen nachvollziehbaren und überzeugenden Ausführungen des Sachverständigen Fiedler, an dessen fachlicher Kompetenz keinerlei Zweifel
bestehen, folgt die Kammer uneingeschränkt und legt sie ihrer Urteilsfin-
dung zugrunde.

Der Sachverständige [...] machte ferner schlüssige Ausführungen dazu,
an welchen Orten sich das Notebook des Angeklagten am 10.03.2020
befand. Die Kammer stützt hierauf ihre Überzeugung hinsichtlich des
Aufenthaltsortes des Angeklagten zum Zeitpunkt der Verwendung der
Software am 10.03.2020. Der Sachverständige erläuterte, dass sich
mangels eigner GPS-Daten des Notebooks anhand einer Auswertung
der Internetdaten, hier speziell des Browserverlaufs und der WLAN-Ein-
buchungen ergeben habe, dass sich das Notebook am 10.03.2020 von
09:14:09 Uhr bis 09:49:21 Uhr in einem WLAN namens „[...]" befunden
habe. In Verbindung mit einer Google Earth Suche nach „Großmaischeid"

am Vortag, an welchem das Notebook mit dem gleichen WLAN verbunden gewesen sei, lasse sich hieraus schließen, dass sich das Notebook im Hotel [...] in Großmaischeid befunden haben könne. Am Nachmittag des 10.03.2020 um 14:37:55 Uhr sei eine neue Einwahl des Notebooks des Angeklagten in ein WLAN namens „telekom" erfolgt. Dabei habe bei der Anmeldung eine Weiterleitung auf eine URL mit dem Namen „[...] Hotels" festgestellt werden können. Der weitere Suchverlauf habe mehrere Suchen mit Bezug zu Niedernhausen enthalten, zudem sei bei Google Earth der Begriff „[...]-hotels niedernhausen" eingegeben und gesucht worden, was den Schluss zulasse, dass es sich hierbei um das WLAN des „[...] Hotels" in Niedernhausen gehandelt habe. Beide hierdurch zur Überzeugung der Kammer gelangten Aufenthalte des Angeklagten stehen im Übrigen im Einklang mit den Ausführungen des Zeugen KOK [...] betreffend seine Ermittlungserkenntnisse über Hotelaufenthalte des Angeklagten im März 2020.

Das Nutzungsverhalten des Angeklagten im Hinblick auf die Software Google Earth Pro lässt erkennen, dass er sich im unmittelbaren Vorfeld der Tat, nämlich am Tag vor der ersten Nacht der Tatbegehung, gezielt detaillierte Ortskenntnisse hinsichtlich des Tatortes verschaffte. Die Recherchen bezogen sich nach einer zunächst groben Suche nach der ICEStrecke von Köln nach Frankfurt am Main sodann auf den speziellen Streckabschnitt. Dies spricht für eine weitere Konkretisierung seines Vorhabens und dafür, dass er nunmehr einen bestimmten Ort für dessen Umsetzung suchte und schließlich auch fand. Im Einklang steht dies damit, dass der Angeklagte den tatgegenständlichen Streckenabschnitt bei Niedernhausen in der höchsten Zoomstufe, welche ihm eine detaillierte Betrachtung ermöglichte, aufrief.

Auch der Umstand, dass der Angeklagte Stellen des tatgegenständlichen Streckenabschnitts bei Niedernhausen erstmalig am Morgen des 10.03.2020 von Großmaischeid aus virtuell betrachtete und sodann am Nachmittag desselben Tages in gleicher Weise weitere Stellen des Streckenabschnitts aufrief, nachdem er sich selbst nach Niedernhausen begeben hatte, belegen eine Auswahl der Tatörtlichkeit durch den Angeklagten. Es ist kein anderer Grund als die Vorbereitung der Tatbegehung für die virtuelle Betrachtung des späteren Tatortes und einen dann unmittelbar folgenden Wechsel des Aufenthaltsortes des Angeklagten von Großmaischeid nach Niedernhausen ersichtlich.

(f) Recherchen nach Zugfahrzeiten
Die Feststellungen, welche die Kammer hinsichtlich der Einholung von Verbindungsauskünften durch den Angeklagten über die Webseite „https://reiseauskunft.bahn.de" bezüglich der Bahnstrecke zwischen Köln und Frankfurt getroffen hat, beruhen auf dem in der Hauptverhandlung verlesenen, inhaltlich schlüssigen Vermerk, den KOK [...], der die Auswertung des Laptops des Angeklagten vor diesem Hintergrund

durchführte, unter dem 06.04.2020 verfasst hat. Hieraus folgt, dass der Angeklagte im Zeitraum vom 10.03.2020 bis zum 13.03.2020 jeweils unter anderem für die bevorstehende Nacht, bzw. im Falle der Recherche am 11.03.2020 für zwei bevorstehende Nächte, die Fahrzeiten von Zügen in Erfahrung brachte, welche den in Rede stehenden Streckenabschnitt in beiden Fahrtrichtungen befuhren. Dass der Angeklagte hierbei insbesondere Auskünfte über die Nachtstunden im Fokus hatte, zeigt der Umstand, dass sich die erste von ihm getätigte Recherche, welche am 10.03.2020 erfolgte, ausschließlich auf Abfahrtzeiten zu Abendbzw. Nachtstunden beschränkte. Gleiches gilt für die Fahrtrichtung ausgehend von Köln Hbf, welche - anders als an den Folgetagen an welchem der Angeklagte auch hinsichtlich Zugfahrten in der Gegenrichtung recherchierte - alleiniger Gegenstand der Recherche am 10.03.2020 gewesen ist und zugleich auch die dem manipulierten Gleis entsprechende Fahrtrichtung ist.

Die Kammer sieht die Recherchen des Angeklagten nach den Zugfahrzeiten auf der tatgegenständlichen Bahnstrecke als wesentliches Indiz dafür an, dass der vom Angeklagten gefasste Tatplan am 10.03.2020 kurz vor seiner Finalisierung, mithin kurz vor der Durchführung stand. Der Angeklagte befand sich zu diesem Zeitpunkt bereits in Niedernhausen, sodass anders als mit der Vorbereitung der Tat nicht in naheliegender Weise erklärt werden kann, weshalb der Angeklagte ein solch tiefgehendes Interesse für die in Rede stehenden Fahrplanauskünfte hatte. Der Angeklagte recherchierte an mehreren Tagen die Abfahrtszeiten für folgende Tage bzw. Nächte, ohne seinen Aufenthaltsort zu wechseln, woraus die Kammer schließt, dass zumindest das Bestreben nach einer eigenen Bahnfahrt nicht bestand, zumal vor diesem Hintergrund auch nicht deutlich wird, warum der Angeklagte Fahrtzeiten in entgegengesetzte Fahrtrichtungen - einerseits ausgehend von Köln Hbf, andererseits ausgehend von Frankfurt(Main) Hbf - nachschaute. Erklärbar ist dieses Rechercheverhalten vielmehr damit, dass der Angeklagte sichergehen wollte, die von ihm geplante Schienenmanipulation gefahrlos durchführen zu können, ohne während seiner Arbeiten von einem die Strecke befahrenden Zug - sei es auf dem zu manipulierenden Gleis oder dem Gegengleis - überrascht und verletzt oder aber entdeckt zu werden. Diese Recherche ergibt sich zwanglos als eine der letzten Vorbereitungshandlungen, da der Angeklagte auf diese Weise sicherstellen konnte, tagesaktuelle Informationen zu den Fahrtzeiten und der Betriebsruhe einzuholen und so das eigene Risiko so gering wie möglich zu halten. Vor diesem Hintergrund erschließt sich auch die mehrfach durchgeführte Recherche, jeweils die unmittelbar folgende Nacht einschließend. Dass der Angeklagte bei seinen weiteren Recherchen am 11.03.2020 und 13.03.2020 sowohl nächtliche als auch tagsüber liegende Abfahrtszeiten nachschaute, steht dem nicht entgegen, sondern spricht vielmehr dafür, dass der Angeklagte sich nach der ersten Nacht in welcher er am Tatort gewesen ist, ein noch umfassenderes Bild von dem Fahrplan auf dieser Strecke, sowohl in Fahrtrichtung des

manipulierten Gleises als auch in der Gegenrichtung verschaffen wollte,
was auch vor dem Hintergrund jedweder Risikominimierung erklärbar ist.
Zudem erklärt sich dies auch vor dem Hintergrund, eine möglicherweise
bereits erfolgte Entdeckung der Manipulation auszuschließen, welche sich
in Verspätungen oder Fahrplanabweichungen niederschlagen kann.
Die in diesem Zusammenhang festgestellten Aktivitäten des Angeklagten
weisen mit fortschreitender Zeit einen steigenden Konkretisierungsgrad
auf. Bei Wertung dieser Vorbereitungshandlungen der zur Verurteilung
gelangten Tat lässt sich zwanglos nachvollziehen, wie sich der Tatplan
des Angeklagten von der anfangs noch vagen Vorstellung einer Gleismanipulation an irgendeiner Bahnstrecke hin zu dem Vorhaben in dem
tatgegenständlichen Streckenabschnitt bei Niedernhausen in der Zeit
der Betriebsruhe in der festgestellten Art und Weise das Gleis in Fahrtrichtung Frankfurt am Main zu manipulieren, entwickelt hat. Eine andere
Erklärung für all diese Aktivitäten des Angeklagten als die Vorbereitung
der hier zur Verurteilung gelangten Tat vermag die Kammer nicht zu erkennen. Das Zusammentreffen all dieser Aspekte ist in Anbetracht ihrer
Dichte und ihrer Spezialität auch allein durch Zufall nicht erklärbar.

(2) Tatortnähe
Der Angeklagte hielt sich vom 10.03.2020 bis zum 15.03.2020 in
Niedernhausen, mithin in unmittelbarer Nähe des Tatorts, auf. Diese Feststellungen ergeben sich insbesondere aus den inhaltlich nachvollziehbaren Bekundungen des Zeugen KOK [...], der im Rahmen der
Hauptverhandlung die Ergebnisse der von ihm durchgeführten Ermittlungen zu Hotelaufenthalten des Angeklagten im Zeitraum zwischen dessen
Haftentlassung und der Festnahme in dieser Sache darlegte. Er führte
aus, dass seine Ermittlungen in Verbindung mit der Auswertung der Verbindungsdaten bzw. sichergestellten Geräte gestanden habe. Hieraus
hätten sich immer wieder Hinweise auf Hotels oder Pensionen irgendwo
in Deutschland ergeben, Hinweise auf Aufenthalte bei Privatpersonen
habe es keine gegeben. Zum Teil habe es sogar Quittungen von Hotelaufenthalten gegeben, anhand derer der Zeuge sodann Kontakt zu den
jeweiligen Unterkünften aufgenommen habe. Es sei gelungen 70 bis 80
% der Aufenthalte zwischen Haftentlassung und Festnahme des Angeklagten festzustellen. Hierbei sei vor allem problematisch gewesen, dass
der Angeklagte bei seinen Buchungen nicht immer seinen Klarnamen
verwendet habe. Im Zuge seiner Ermittlungen habe KOK [...] 20 bis
30 Aliaspersonalien festgestellt, die der Angeklagte verwendet habe.
Anhand von Belegungslisten oder anderer Aufzeichnungen, welche die
Hotelbetreiber teilweise zur Verfügung stellten, sei eine Rekonstruktion
aber, auch unter Heranziehung bereits gewonnener Erkenntnisse hinsichtlich einiger Aliaspersonalien, gelungen.

Hinsichtlich des Aufenthalts des Angeklagten im Hotel [...] sei es so gewesen, dass dieses Hotel in den Verbindungsdaten des Angeklagten auf-
getaucht sei. Der Zeuge KOK [...] habe sodann das Hotel kontaktiert und

herausgefunden, dass der Angeklagte sich dort vom 09.03.2020 bis zum 10.03.2020 unter dem Namen „Herr [...]" eingemietet hatte. Bei dem „[...] Hotel" in Niedernhausen sei der Ansatz eine WLAN Einbuchung im Netz des Hotels gewesen. Daraufhin hätten Kollegen des Zeugen dieses aufgesucht und anhand der dortigen Namensliste festgestellt, dass sich der Angeklagte unter dem Namen „[...]" oder „[...]" dort vom 10.03.2020 bis zum 13.03.2020 mit einer Hamburger Adresse eingemietet hatte. Bei dem Aufenthalt im Hotel [...], ebenfalls in Niedernhausen, vom 13.03.2020 bis zum 15.03.2020 habe der Angeklagte den Aliasnamen „[...]" verwendet.

Darüber hinaus beruhen die getroffenen Feststellungen zum Aufenthalt des Angeklagten im Hotel „[...]" auf den glaubhaften Bekundungen der Zeugen [...], welche angaben, den Angeklagten im Hotel [...] wahrgenommen zu haben und ihn anlässlich ihrer jeweiligen Zeugenvernehmungen im Rahmen einer Wahllichtbildvorlage jeweils mit Sicherheit wiedererkannten. Der Zeuge [...] konnte sich zudem daran erinnern, dass der Angeklagte darum bat, dass sein Zimmer nicht gereinigt werde. Die Zeugin [...] bekundete, dass der Angeklagte im Hotel „[...]" den Namen „[...]" verwendet hatte, was sich auch aus der in Augenschein genommenen Rechnung des Hotels „[...]" für den Angeklagte vom 15.03.2020, die auf den Namen „[...]" ausgestellt ist, ergibt.

Hinsichtlich des Aufenthalts des Angeklagten im Hotel „[...]" in Pulheim beruhen die Feststellungen zudem auf den Bekundungen der Zeugen [...], welche den Angeklagten im festgestellten Zeitraum im Hotel „[...]" wahrgenommen und ihn anlässlich einer Lichtbildvorlage im Rahmen ihrer Zeugenvernehmungen jeweils mit Sicherheit wiedererkannt hatten. Der Umstand, dass der Angeklagte sich vom 10.03.2020 bis zum 15.03.2020 in unmittelbarer Nähe zum Tatort, nämlich der Gemeinde Niedernhausen, aufhielt, spricht ebenfalls für seine Täterschaft, da dies ihm die Gelegenheit zur Tatausführung verschaffte und zudem kein weiterer Grund für einen Aufenthalt des Angeklagten in Niedernhausen ersichtlich ist. Dies gilt insbesondere in Verbindung mit den festgestellten Google Earth Recherchen zum nahegelegenen tatgegenständlichen Streckenabschnitt (s.o.), welche am 10.03.2020 vor und nach der Reise des Angeklagten von Großmaischeid nach Niedernhausen erfolgten, was einen unmittelbaren Zusammenhang von Tatortbetrachtung und Ortswechsel nahelegt. Zu beachten ist vor diesem Hintergrund auch, dass der Angeklagte sich während seines Aufenthalts in Niedernhausen in die von ihm bewohnten Hotels ausschließlich unter Aliaspersonalien einmietete. Dies deutet für die Kammer darauf hin, dass der Angeklagte im Hinblick auf die Ausführung der hier zur Verurteilung gelangten Tat seine wahre Identität im unmittelbaren Umfeld verschleiern wollte. Diese Wertung steht auch im Einklang mit der Bitte des Angeklagten, sein Zimmer im Hotel [...] solle nicht gereinigt werden, was dafür spricht, dass der Angeklagte befürchtete, durch Entdeckungen der Reinigungskräfte in seinem Zimmer, die auf die Tatausführung hindeuten könnten, könnte ein entsprechender Verdacht gegen seine Person ausgelöst werden.

Dass der Angeklagte auch vor seinem Aufenthalt in Niedernhausen insgesamt zwischen 20 und 30 Aliaspersonalien verwendete, steht dem
nicht entgegen, da in Anbetracht des Lebensstils des Angeklagten nicht
auszuschließen ist, dass auch hier seine Identität in Anbetracht anderer
von ihm begangener Straftaten verschleiert werden sollte.

(3) Chatverkehr mit [...]
Die von der Kammer getroffenen Feststellungen hinsichtlich der Whatsappkommunikation des Angeklagten mit seinem Sohn [...] und deren
Inhalten beruht auf den Bekundungen der Zeugin KOK'in [...], welche mit
der Auswertung des Mobiltelefons des Angeklagten der Marke Samsung
befasst war und die entsprechenden Ergebnisse in schlüssiger Weise
ausführte. Hiernach sei der Angeklagte in dem Messenger Dienst „WhatsApp" als „[...]" eingetragen. Der Empfänger der unter II. festgestellten
Nachrichten sei im Handy des Angeklagten als „[...]" eingetragen gewesen. Die Kammer geht davon aus, dass es sich bei dem Gesprächspartner um den Sohn des Angeklagten, [...], gehandelt hat. Dies folgt
insbesondere aus der Formulierung des Angeklagten in der Nachricht
vom 11.03.2021, in welcher er sich selbst gegenüber dem Chatpartner
als „dein Alter Herr" bezeichnet sowie der Einlassung des Angeklagten
zu seinen persönlichen Verhältnissen, in welcher er angab, einen Sohn
namens [...] zu haben, mit welchem er auch in Kontakt stehe.
Die Kammer erachtet die festgestellten Inhalte als im Zusammenhang
mit der Tatanbahnung stehend, mithin als Indiz für die Täterschaft des
Angeklagten.

In der am 10.02.2020 an seinen Sohn verschickten Nachricht spricht der
Angeklagte davon, in ein paar Nächten bald das „große gesamte" angehen zu können. Die Kammer sieht hierin bereits einen ersten Anhaltspunkt für ein beabsichtigtes Tätigwerden des Angeklagten. Die Formulierung des großen Gesamten spricht dafür, dass der Angeklagte etwas
beschrieb, was einen gewissermaßen außergewöhnlichen Charakter aufweist. Einen solchen weist auch die zur Verurteilung gelangte Tat - auch
vor dem Hintergrund des bisherigen Vita des Angeklagten - auf. Dass die
Nachricht ihrem Inhalt und ihrer Informationsübermittlung nach recht
vage gehalten ist, steht darüber hinaus im Einklang mit dem noch
nicht hinreichend konkretisierten Tatplan des Angeklagten, der sich am
10.02.2020 - mithin einen Monat vor der Ausführung -zur Überzeugung
der Kammer noch in einem wenig konkreten Stadium befand. Die Art der
Formulierung spricht dafür, dass der Angeklagte für sich selbst schon das
Bewusstsein entwickelt hatte, tätig zu werden, aber hinsichtlich der genauen Ausführung noch nicht in eine vertiefte Planung eingestiegen war.
370 Der außergewöhnliche Charakter des Vorhabens des Angeklagten,
welches er im Rahmen der Whatsappnachrichten an [...] ankündigt, wird
auch in der Nachricht vom 23.02.2020 deutlich, in welchem er davon
spricht, dass das hinter dem er ab jetzt her sei eine „ganz andere Nummer" und „extrem" sei.

In der am Abend des 09.03.2020 versendeten Nachricht spricht der Angeklagte - einen Tag bevor er sich selbst in die Nähe des späteren Tatorts begibt - davon, dass „seit heute" die Härtephase beginne und er sich nun mit Merkel anlege, diese Woche sei „Entscheidungswoche". Hieraus folgt das aus Sicht des Angeklagten unmittelbare Bevorstehen der Tatausführung. Dass der Angeklagte auf eine „Entscheidungswoche", mithin einen kleineren Zeitraum Bezug nimmt, deutet zudem an, dass ein Vorgehen gemeint ist, welches nicht innerhalb eines Tages erledigt ist, sondern sich über den Zeitraum einer Woche hin erstreckt, was das festgestellte Zeitfenster der Schienenmanipulation unterstreicht.

Auch der Inhalt, dass der Angeklagte sich „nun mit Merkel" anlege, steht im Einklang mit dem festgestellten Geschehensablauf, insbesondere der Annahme der Täterschaft des Angeklagten. Der Angeklagte hat sich außergerichtlich dahingehend eingelassen, einer Terrorzelle auf der Spur zu sein und beschrieb dies auch in verschiedenen von ihm verfassten Schriftstücken, welche er unter anderem auch an die Bundesregierung - hier auch an die Bundeskanzlerin Frau Merkel persönlich adressiert - versendete. Mangels Reaktion warf er den Empfängerstellen Untätigkeit vor und stellte politische Folgen als Konsequenz dessen in Aussicht. Das vom Angeklagten vor diesem Hintergrund ausgehende Konfliktpotenzial spiegelt sich nach Überzeugung der Kammer in dieser Formulierung der Chatnachricht wieder und belegt damit auch, dass das vom Angeklagten beabsichtigte und in seinen Nachrichten angekündigte Tätigwerden hiermit in engem Zusammenhang steht.

Gleiches gilt für die am Abend des 10.03.2020 verschickten Whatsappnachrichten, welche ebenfalls auf einen bevorstehenden Konflikt mit dem Bund bzw. dessen Eskalation hindeuten. Der Angeklagte spricht davon, angreifen zu müssen und keine andere Wahl zu haben. Dies repräsentiert nach Auffassung der Kammer die vom Angeklagten selbst erkannte Perspektivlosigkeit der von ihm verfassten Schreiben und formulierten Forderungen und die hierauf beruhende Erkenntnis des Angeklagten, nunmehr aktiv im Sinne der Tatbegehung werden zu müssen, um sein Streben nach Anerkennung und seine Forderungen, basierend auf dem durch die Schreiben vermittelten Bild, realisieren zu können. Zwanglos im Einklang mit einer Täterschaft des Angeklagten steht auch die am Abend des 11.03.2020 von ihm versendete Nachricht, in welcher er seinem Sohn berichtet, dass sein alter Herr mehr könne, „wie Tresore knacken".
Nach den getroffenen Feststellungen hatte der Angeklagte die erste Nacht der Schienenmanipulation schon hinter sich, mithin schon die ersten Schienenbefestigungen gelöst. Die Nachricht lässt sich vor dem Hintergrund der Einordnung dessen als Erfolgserlebnis für den Angeklagten so verstehen, dass sie den Beginn der Tatausführung in der vergangenen Nacht dokumentiert, da der Angeklagte hiernach die Gewissheit hatte, zur Durchführung der Manipulation in der Lage zu sein, seinen Plan umsetzen zu können und dies seinem Sohn mit einem gewissen Stolz, der

nach Überzeugung der Kammer in dieser Nachricht mitschwingt, mitteilt. Auch die Relation zwischen dem vom Angeklagten erwähnten „Tresore knacken" und der Tätigkeit, die der Angeklagte seinem Sohn mitteilen möchte, ist vor diesem Hintergrund zu beachten. Es handelt sich der Formulierung nach um ein „mehr" gegenüber dem Knacken von Tresoren, mithin ein schwereres, außergewöhnlicheres oder risikoreicheres Handeln, was die tatgegenständliche Schienenmanipulation ohne weiteres ist, sodass sich auch hieraus Anhaltspunkte für die Täterschaft des Angeklagten ergeben.

(4) Schreiben des Angeklagten vor der Tatausführung
Die von der Kammer getroffenen Feststellungen hinsichtlich der von dem Angeklagten vor Beginn der Tatausführung am 10.03.2020 verfassten Schreiben und ihren Inhalten beruhen sowohl auf den im allseitigen Einverständnis im Selbstleseverfahren eingeführten Urkunden als auch den Ausführungen der Zeugin KOK'in [...], welche mit der Auswertung von Schreiben befasst war, die nach der Festnahme des Angeklagten in seinem Hotelzimmer im Hotel [...] in Pulheim und bei der Durchsuchung seines Fahrzeugs sichergestellt wurden.

Dass es der Angeklagte gewesen ist, welcher die den Feststellungen zugrunde liegenden Schreiben verfasst hat, ergibt sich aus dem Umstand, dass diese in dem ihm zugehörigen Machtbereich - dem von ihm bewohnten Hotelzimmer und seinem Fahrzeug - aufgefunden wurden, was sich aus der im Rahmen der Hauptverhandlung in Augenschein genommenen Lichtbildmappen, welche KHK [...] unter dem 03.04.2020 hinsichtlich der Asservate aus dem Hotelzimmer des Hotels [...] in Pulheim sowie hinsichtlich der kriminaltechnischen Untersuchung des Ford Focus des Angeklagten gefertigt hat, sowie auf den entsprechenden Bekundungen des Zeugen KHK [...] ergibt. Es sind ferner keine Anhaltspunkte dafür ersichtlich, dass eine dritte Person zu dem Fahrzeug oder dem Hotelzimmer Zugang hatte. Zudem befanden sich augenscheinlich auf fast allen Schriftstücken Unterschriften und Kontaktdaten des Angeklagten, was auch die Zeugin KOK'IN [...] bekundete.

Der Umstand, dass der Angeklagte bereits im weiten Vorfeld der Tat bevorstehende Anschläge auf TGV, ICE und Gefahrengut-Güterzüge durch eine Terrorgruppe thematisierte, deutet auf eine schon frühe Befassung des Angeklagten hiermit hin, was vor dem Hintergrund der in Rede stehenden Tat, die sich in der Manipulation einer ICE-Strecke niederschlug, einen Zusammenhang erkennen lässt, der in seinem Ansatz auf eine spätere Täterschaft des Angeklagten hindeutet, wenngleich allein hierdurch noch kein so unmittelbarer Zusammenhang zur Tat hergestellt werden kann, dass dies allein ohne Zweifel eine Täterschaft des Angeklagten belegt. Gleiches gilt für die Tatsache, dass der Angeklagte bereits in einem auf den 19.12.2019 datierten Schreiben - unter anderem - Bezug auf das RheinMain-Gebiet als Ort eines möglichen Anschlags nahm.

Für eine Täterschaft des Angeklagten spricht nach Überzeugung der
Kammer insbesondere das vom Angeklagten am 09.03.2020 per Fax an
das Bundeskanzleramt versendete Schreiben. Dass der Angeklagte dieses am 09.03.2020 um 13:19:59 übersandte, ergibt sich aus dem ebenfalls im Selbstleseverfahren eingeführten Faxsendebericht.
Der Angeklagte beschrieb hierin ein Zuspitzen der Situation in Bezug
auf einen bevorstehenden Anschlag auf eine ICEStrecke. Er berichtete
davon, dass Mitglieder der von ihm beschriebene Terrorgruppe ICE-Strecken an von ihm genau bezeichneten Orten auskundschafteten, mit
Werkzeug entlang der jeweiligen Bahnstrecken gingen, dort offensichtlich
jedoch nur Tests durchführten. Die hier beschriebenen Vorgänge stellen
ein neues Maß an Konkretisierung dar, hatte der Angeklagte in seinen
vorherigen Schreiben doch in abstrakterer Form von Anschlägen auf
unter anderem ICE Strecken gesprochen. Der Angeklagte führte zudem
aus, dass er persönlich damit rechne, dass es in Kürze dazu komme,
wovor er seit dem 19.12.2019 eindringlich warne - mithin dem von ihm
angekündigten Terroranschlag - und schloss seinen Brief mit den Worten
„Ich sage Ihnen, aus meiner Überzeugung, dass es nun soweit ist!"
Diese steigende Dramatisierung der Situationsbeschreibung steht zwanglos im Einklang mit der tatsächlichen Situation der am 09.03.2020 unmittelbar bevorstehenden Tatausführung und spiegelt vor dem Hintergrund
nach Überzeugung der Kammer das Wissen des Angeklagten um baldige
Verwirklichung seines Tatplans wider.

(5) Verhalten des Angeklagten nach der Tatausführung
Auch das Verhalten des Angeklagten nach der Tatausführung deutet
maßgeblich auf dessen Täterschaft hin.

(a) Mail an die Bundesregierung vom 15.03.20
Wesentlich ist hier insbesondere der Inhalt der E-Mail, welche der Angeklagte am 15.03.2020 an die Mailadresse „Infopost@bundesregierung.
de" versandte, dessen Feststellung auf der im Selbstleseverfahren eingeführten Mail beruht.
Der Angeklagte informierte in dieser E-Mail über einen nunmehr durch
die Terrorzelle verübten Anschlag auf eine Bahnstrecke und forderte
zur sofortigen Streckensperrung auf. Hierbei offenbarte der Angeklagte,
dass er über explizites Täterwissen verfügt. So benannte der Angeklagte
sowohl im Betreff als auch in dem Einleitungssatz der EMail, die ICE Strecke von Köln nach Frankfurt am Main und die Streckenkilometer 143 und
144 - mithin genau den Ort der tatgegenständlichen Gleismanipulation.
In dem Betreff der E-Mail befindet sich zudem die - ebenfalls mit den
tatsächlichen Gegebenheiten übereinstimmende - Information hinsichtlich der Fahrtrichtung, nämlich aus Köln kommend. Das manipulierte
Gleis war das in Fahrtrichtung Frankfurt am Main verlaufende. Der Angeklagte gab zudem an, dass sämtliche Gleisschrauben, Halter und Abstandshalter entfernt worden seien - er beschrieb mithin zutreffend,
wie sich unter anderem aus den Ergebnissen der Spurensicherung ergibt,

die genaue Art der Durchführung der Manipulation.
Über all diese vom Angeklagten mitgeteilten Informationen kann nach
Auffassung der Kammer nur derjenige verfügen, der selbst mit der Ausführung der Manipulation beschäftigt gewesen ist und diese nicht bloß
beobachtet hat. Dies gilt insbesondere in Anbetracht dessen, dass zum
Zeitpunkt der Versendung der E-Mail am 15.03.2020 die Manipulation
noch nicht entdeckt worden war und dementsprechend auch in der Öffentlichkeit keinerlei entsprechende Informationen vermittelt worden sein
können.

Dass der Angeklagte in der E-Mail berichtete, die bereits von ihm benannte Terrorzelle sei für den von ihm beschriebenen Anschlag verantwortlich, vermag keine andere Bewertung der Kammer zu ergeben, da
diese Terrorzelle für die Kammer ohne Zweifel gänzlich der Fantasie des
Angeklagten entspringt (s.o.).

(b) Anruf bei der Bundespolizei am 15.03.2020
Der Angeklagte vermittelte des Weiteren exklusives Täterwissen im
Rahmen seines Anrufs bei der Bundespolizei, ebenfalls am 15.03.2020.
Die Feststellungen hierzu beruhen auf den Bekundungen des Zeugen
PHK [...], der die Aufzeichnung des Gesprächs des Angeklagten, welches
zunächst in der Leitstelle in Koblenz aufgelaufen war, auswertete, sowie
des Zeugen PK [...], welcher mit dem Angeklagten nach der Weiterleitung des Gesprächs nach Frankfurt sprach, der Inaugenscheinnahme des
auf Tonband aufgezeichneten Gesprächsteils mit der Leitstelle in Koblenz
sowie der vom Zeugen PK [...] angefertigten Wachbucheintragung, die
ebenfalls in Augenschein genommen wurde.

Der Zeuge PHK [...] bekundete im Einklang mit dem auf Tonband aufgezeichneten Gespräch, der Anrufer, der sich mit seinem Namen, [...],
vorstellte, habe dem gesprächsführenden Beamten [...] gegenüber eine
Mitteilung machen wollen. Diese habe sich auf die Bahnstrecke Köln Richtung Frankfurt bezogen. Eine deutsch-französische Terrorzelle habe bei
Kilometer 143 bis 144 die Gleise gelockert. Entsprechendes ergibt sich
aus der Wachbuchaufzeichnung des Zeugen PK [...], auf welcher unter
anderem der Name des Angeklagten sowie die Worte Köln - Ffm sowie
die Zahlen 143 - 144 zu erkennen sind. Durchgestrichen neben den Worten Köln-Ffm ist das Wort ICE geschrieben.

Zwar bekundete der Zeuge PK [...], den Anruf des Angeklagten nach
der Weiterleitung aus Koblenz angenommen zu haben, verneinte jedoch
ausdrücklich die Mitteilung einer klaren Kilometrierung in diesem Teil des
Gesprächs. Auch wenn die Kammer die Aussage des PK [...] im Übrigen
als glaubhaft erachtet, folgt sie ihm in diesem Punkt nicht. Dies resultiert
zum einen aus dem Widerspruch zu dem vom Zeugen PK [...] verfassten
Wachbucheintrag, in welchem die Kilometerangaben - zutreffend im Hinblick auf die tatgegenständliche Manipulation - eingetragen sind. Zudem

ist kein Grund dafür ersichtlich, dass der Angeklagte im ersten Teil des Gesprächs mit dem Kriminalbeamten [...], genau wie in der an die Bundesregierung am gleichen Tag versandten E-Mail, eine genaue Kilometerangabe macht, nach der Weiterleitung an den Zeugen PK [...] sodann jedoch davon absieht. Dies gilt insbesondere vor dem Hintergrund, dass die Kammer der Überzeugung ist, dass die Anrufe des Angeklagten - wenn sie auch unzureichend waren - dem Grunde nach darauf gerichtet waren, eine sich verwirklichende Entgleisung zu verhindern und die Behörden zum Handeln zu veranlassen sowie gleichzeitig die Existenz der Terrorzelle zu verifizieren. In diesem Zusammenhang hätte es keinen Sinn gemacht, eine Mitteilung der Streckenkilometer, was eine genaue Identifizierung des Ereignisortes ermöglicht, abzusehen. Dass der Zeuge PK [...] eine entsprechende Mitteilung verneinte, mag auf einer fehlenden diesbezüglichen Erinnerung basieren, handelt es sich hierbei doch um eine Detailangabe, an welche sich der Zeuge trotz der im Gesamten guten Erinnerung an das Gespräch, nicht mehr erinnert haben mag. Insoweit war dem Hilfsbeweisantrag der Verteidigerin vom 22.03.2021 gestellt für den Fall, dass die Kammer davon ausgeht, dass der Angeklagte dem PK [...] in dem Telefonat vom 15.03.2020 nur von einer Verfolgungsjagd mit einem dunkelblauen Fahrzeug und somit nicht von einem Anschlag auf eine ICE-Strecke berichtet hat, nicht nachzugehen. Der Antrag war gerichtet auf die erneute Ladung und Einvernahme des Zeugen PK [...], zum Beweis der Tatsache, dass der Angeklagte dem Zeugen PK [...] von der Manipulation der Schienen berichtet sowie sämtliche notwendigen Informationen zur Lokalisierung des manipulierten Streckenabschnittes gegeben hat wie auch schon kurz zuvor dem Zeugen [...] von der Bundespolizei, der den Anruf an den Zeugen PK [...] weitergeleitet hat. Die Kammer geht in Ansehung der vorstehenden Ausführungen nämlich davon aus, dass der Angeklagte im Rahmen seines Gesprächs mit dem Zeugen PK [...] von einem Anschlag auf eine ICE Strecke berichtet hat.

Auch unter Amtsaufklärungsgesichtspunkten war keine weitere Veranlassung geboten.
Aus diesen Gegebenheiten folgt ebenfalls, dass der Angeklagte am 15.03.2020, bevor in der Öffentlichkeit hierzu etwas bekannt wurde, Kenntnis von der Manipulation sowie Informationen über die genaue Stelle sowie deren Art hatte, was bedeutet, dass er über Wissen verfügte, welches nur ein Täter haben kann. Andere Anhaltspunkte für diese Kenntnis des Angeklagten sind nicht ersichtlich. Die Erklärung, die Terrorzelle bei ihrer Arbeit beobachtet zu haben, erachtet die Kammer als unglaubhaft.

(c) Äußerungen im Hotel [...]
Ein weiteres Indiz, welches auf die Täterschaft des Angeklagten hindeutet, sind die am 20.03.2020 von ihm getätigten Aussagen gegenüber den Zeugen [...], den Hotelbetreibern des Hotels [...] in Pulheim. Aus deren

übereinstimmenden Aussagen in der Hauptverhandlung ergibt sich, dass
der Angeklagte ihnen gegenüber äußerte, einen Anschlag auf die Bahnstrecke Köln-Frankfurt am Main vereitelt zu haben, er und seine Gruppe
wären im Rahmen seiner Tätigkeit für den Verfassungsschutz dabei, das
aufzuklären. Dort seien Schrauben gelöst worden, er und seine Gruppe
haben jedoch Schlimmeres verhindern können. Ferner habe der Angeklagte gesagt, dass durch Masse bzw. das Eigengewicht des Zuges die
Schienen gehalten hätten. Hieraus ergibt sich, dass der Angeklagte über
genaue Informationen zum Tathergang und Tatort hatte, mithin über
explizites Täterwissen verfügte. Selbst wenn man davon ausginge, dass
zum Zeitpunkt des geführten Gesprächs, am Abend des 20.03.2020,
schon öffentliche Informationen hinsichtlich einer Streckensperrung auf
dieser Strecke verfügbar gewesen sein können, mithin der Angeklagte
hierüber das geäußerte Wissen erlangt haben könnte, erklärt dies nicht
die Kenntnisse des Angeklagten dazu, dass die Schienen, deren Schrauben gelöst worden seien, durch das Eigengewicht des Zuges gehalten
hätten. Dies sind spezielle Kenntnisse, die nach Auffassung der Kammer nur derjenige haben kann, der sich explizit mit der genauen Art der
Manipulation auseinandergesetzt hat, was für eine Befassung hiermit,
mithin dessen Täterschaft spricht.

(d) Schreiben vom 17.03.2020 an das Bayerische LKA
Auch das Schreiben des Angeklagten, welches am 19.03.2020 beim Hessischen LKA einging, deutet auf dessen Täterschaft hin, da der Angeklagte hierin Täterwissen offenbarte. Die getroffenen Feststellungen hierzu
basieren auf den Bekundungen des POK [...] sowie der im Selbstleseverfahren eingeführten Seiten 1 und 2 des insgesamt 4-seitigen Schreibens.
Der Zeuge POK [...] bekundete in glaubhafter Weise, dass im Rahmen
des Nachrichtenverkehrs mit dem Bayerischen LKA dem Hessischen
LKA ein dort am 19.03.2020 eingegangenes auf den 17.03.2020 datiertes Schreiben übermittelt wurde. Dieses sei an Bundeskanzlerin Merkel
adressiert gewesen. In diesem Schreiben - welches dem Zeugen zur
Ansicht vorgehalten wurde und er es sodann als das Schreiben, von dem
er berichtete, identifizierte - habe der Angeklagte die später festgestellte
Tatörtlichkeit explizit beschrieben und davon berichtet, eine Terrorgruppe
observiert zu haben. Dies - wie auch die übrigen diesbezüglichen Bekundungen des Zeugen - steht im Einklang mit dem Inhalt, der sich aus den
ersten zwei eingeführten Seiten des Schreibens ergibt. Dass es sich bei
dem Verfasser um den Angeklagten handelte, ergibt sich unter anderem
bereits aus dem Kopf des Schreibens, welches seinen Namen aufweist,
was nach den Bekundungen des Zeugen POK [...] auch Ausgangspunkt
für die Ermittlungen gegen den Angeklagten gewesen ist.

Aus dem Schreiben selbst ergibt sich, dass der Angeklagte die ICE Strecke von Köln nach Frankfurt bezeichnet, hier ebenfalls zutreffend die
Streckenkilometer 143 - 144. Zudem gibt der Angeklagte an, der voll-
zogene Anschlagsversuch, von dem er berichte, habe in der Nacht vom

14.03.2020 auf den 15.03.2020 stattgefunden. Die Terrorzelle habe sich
tagelang in einem Waldstück nahe Wiesbaden, ca. 15 km entfernt, aufgehalten. Der nächstgelegene Ort sei Niedernhofen. Er habe die Zelle
hierbei beobachtet bis ihm das Geld ausging.

Hiermit benennt der Angeklagte zutreffend den Ort der Schienenmanipulation, den mangels Entdeckung zu diesem Zeitpunkt nur der Täter selbst
kennen konnte. Der Angeklagte führte ferner aus, dass er am Morgen
des 15.03.2020 entdeckte, dass dort in diesem Waldstück, wo er
bestimmt 10x gewesen sei, auf einer Länge von 150-200 Metern komplett entfernt worden waren - Schrauben, Halterungen, Abstandhalter
- hieraus ergibt sich ebenfalls Wissen - nunmehr hinsichtlich der Tatausführung - welches zu diesem Zeitpunkt nur der Täter haben konnte,
insbesondere vor dem Hintergrund, dass die in dem Schreiben geäußerte
Begründung des Angeklagten hierfür, nämlich die Terrorzelle observiert
zu haben, mangels deren Existenz, unglaubhaft ist (so).

(6) Ergebnisse der Spurensicherung
Ebenfalls weisen die Ergebnisse der Spurensicherung am Tatort und mit
Bezug auf das Fahrzeug des Angeklagten auf dessen Täterschaft hin.
Die Feststellungen hinsichtlich der Gegebenheiten und der Spurensicherung am Tatort beruhen auf den Aussagen der Zeugen KHK [...] und
KK'in [...] sowie der Inaugenscheinnahme des Spurensicherungsberichts
bzw. Tatortbefundberichts, welcher unter dem 08.04.2020 von KHK [...]
gefertigt wurde, der Inaugenscheinnahme des Tatortberichts betreffend
den Spurenbereich 1 vom 25.03.2020, den KK'in [...] fertigte sowie der
Inaugenscheinnahme der Aufnahmen der Spheronkamera zur Tatörtlichkeit.

Der Zeuge KHK [...], welcher mit der Spurensicherung an der Gleisstre-
cke befasst war, beschrieb bei gleichzeitiger allseitiger Inaugenscheinnahme des von ihm unter dem 08.04.2020 gefertigten Tatortbefundberichts den Tatort und führte unter anderem aus, dass und wie der Tatort
mit dem Auto über einen Waldweg erreichbar ist, wo er liegt und dass
es in dem tatgegenständlichen Streckenabschnitt leicht möglich ist, sich
zum unmittelbaren Gleisbereich Zutritt durch zwei unverschlossene Wartungszugänge zu verschaffen. Es war dem Angeklagten mithin problem-
los möglich, zum Tatort zu gelangen.
Die ebenfalls mit der Spurensicherung am Tatort befasste Zeugin KK'in
[...] führte, im Einklang mit entsprechenden Bekundungen der Zeugin
PHM'in [...], bei gemeinsamer Inaugenscheinnahme der Bilder 34, 35, 38
und 39 des von ihr unter dem 25.03.2020 erstellten Tatortfundberichts
aus, dass sich im Bereich des manipulierten Streckenabschnitts an drei
hintereinanderliegenden Betonschwellen, welche durch die Spurensicherung mit 58, 59 und 60 nummeriert worden waren, rote Lackantragungen befanden. Die Antragungen auf den Betonschwellen mit den Nummern 58 und 60 seien als Lackabriebe unter den Spurnummern 1.4.90

und 1.4.91 gesichert worden. Dass die Lackantragungen im Zuge der Durchführung der Schienenmanipulation an die Betonschwellen gelangt sind, legt die Inaugenscheinnahme, insbesondere der Bilder 36 - 39, 41 und 44 des Tatortbefundberichts vom 25.03.2020, im Einklang mit den Bekundungen der Zeugin KK'in [...], nahe. Auf den Bildern ist zu erkennen, dass sich die roten Lackabtragungen zum größten Teil an Stellen der Betonschwelle befinden, an denen die Oberfläche im Kantenbereich abgeplatzt ist, was dafürspricht, dass Kräfte - naheliegend durch die Verwendung eines Werkzeugs - auf diese Kante gewirkt haben müssen, welche die Abplatzungen verursacht haben. In Verbindung mit den roten Lackantragungen an diesen Stellen ergeben sich mithin Hinweise auf die Verwendung eines mit einem roten Lack überzogenen Werkzeuges.
Im Einklang steht dies mit den Ergebnissen der kriminaltechnischen Untersuchung des PKW des Angeklagten. Die getroffenen Feststellungen hinsichtlich der in dem Fahrzeug Ford Focus mit dem amtlichen Kennzeichen BAD-ZS1 aufgefundenen Gegenstände sowie der Zuordnung des Fahrzeugs zum Angeklagten beruhen auf den Bekundungen des Zeugen KHK [...], der unter anderem mit der kriminaltechnischen Untersuchung des Fahrzeugs befasst war sowie der Inaugenscheinnahme der Lichtbildmappe, welche KHK [...] unter dem 03.04.2020 zur kriminaltechnischen Untersuchung des PKW des Angeklagten fertigte und der Inaugenscheinnahme der Lichtbilder auf Blatt 50 bis 52f. des Sonderbandes Durchsuchung Asservate, Spurensicherung, Bd. 1.

Der Zeuge KHK [...] bekundete, dass der Autoschlüssel des Ford Focus in dem vom Angeklagten bewohnten Hotelzimmer im Hotel [...] in Pulheim lag, das Fahrzeug sei zudem auf den Angeklagten zugelassen, woraus folgt, dass es sich hierbei um das Fahrzeug des Angeklagten handelt. Der Zeuge führte weiter aus, dass sich im Kofferraum des Fahrzeugs eine weiße Tasche befunden habe, in der verschiedenes Werkzeug gelegen habe, unter anderem ein 62cm langes rotes Brecheisen (Ass.-Nr. 4.5) mit erheblichen Gebrauchsspuren. Dies steht im Einklang mit dem Ergebnis der Inaugenscheinnahme der vom Zeugen KHK [...] unter dem 03.04.2020 angerfertigten Lichtbildmappe, hier insbesondere dem Bild Nr. 39, auf welchem das beschriebene rote Brecheisen mit Lackabplatzungen an beiden Enden zu erkennen ist.

Die Feststellung, dass die chemischen Eigenschaften der Lackabriebe der Antragungen an den tatörtlichen Betonschwellen mit dem Eigenlack des roten Brecheisens übereinstimmen, mithin nicht unterscheidbar sind, beruht auf den nachvollziehbaren Ausführungen der Sachverständigen [...], denen sich die Kammer unter eigener Überzeugungsbildung anschließt. Die Sachverständige erläuterte, dass die eine Lackvergleichsuntersuchung des Brecheisens (Ass.-Nr. 4.5) und der Lackabriebe (Spurnummern 1.4.90, 1.4.91) durchgeführt habe, diese sei mikroskopisch und makroskopisch erfolgt. Mit einer weiteren Methode, der elektronenstrahlangeregten energiedispersiven Röntgenspektroskopie im Rasterelektro-

nenmikroskop, habe sie die Elemente des jeweiligen Lacks bestimmen
können. Hieraus habe sich ergeben, dass die Lackabriebe und der Eigenlack des Werkzeugs in den enthaltenen Elementen nicht voneinander
unterscheidbar seien. Sie könne folglich nicht ausschließen, dass das
Brecheisen am Tatort zum Einsatz kam.

Hierbei sei jedoch zu beachten, dass es sich bei dem Brecheisen um ein
Massenprodukt ohne Individualmerkmal handele, so dass die Übereinstimmung insoweit nur eingeschränkt aussagekräftig sei, da sehr viele
Werkzeuge mit genau diesem Lack produziert werden.
Auch unter Berücksichtigung dieser Einschränkung erachtet die Kammer
diese Übereinstimmung zwischen den Spuren am Tatort und dem bei
dem Angeklagten gefundenen Werkzeug als Indiz für dessen Täterschaft,
welches jedoch vor dem Hintergrund der Ausführungen der Sachverständigen dazu, dass es sich bei dem verwendeten Lack um den einer
Massenware handelt, alleine nicht dazu geeignet wäre, den Angeklagten
der Tat zu überführen. Die Kammer stützt hierauf in Zusammenschau mit
dem Auffindeort des Brecheisens zudem ihre Feststellung dahingehend,
dass das Brecheisen bei der Tatausführung verwendet wurde.
Auch die weiteren Erkenntnisse, die sich aus der Untersuchung des Fahrzeugs des Angeklagten ergeben haben, deuten auf dessen Täterschaft
hin.

Wie der Zeuge KHK [...] weiter ausführte, wurden im PKW des Angeklagten des Weiteren ein T-Schlüssel zum Lösen von Schrauben und ein
Stahlrohr gefunden. Der T-Schlüssel habe eine Länge von 100 cm und
am Griff eine Breite von 80 cm aufgewiesen, das Stahlrohr sei 1,40m
lang gewesen und habe einen Innendurchmesser von 27mm gehabt. Die
Abbildungen dieser beiden Gegenstände welche durch die Inaugenscheinnahme der Lichtbilder auf Blatt 50 bis 52f. des Sonderbandes
Durchsuchung, Asservate, Spurensicherung Band 1, eingeführt wurden,
zeigen den beschriebenen schwarzen T-Schlüssel, welcher eine größe-
re Länge als Breite aufweist und am unteren Ende, welches auf die zu
lösende Schraube aufgesetzt wird, eine viereckige Einbuchtung hat. Das
Metallrohr ist silberfarben und deutlich länger als der T-Schlüssel. Aus
der Abbildung auf Blatt 53 ergibt sich, dass das Metallrohr auf den Griff
des T-Schlüssels aufgesteckt werden kann. Eine solche Verwendung des
T-Schüssels dient nach Auffassung der Kammer dazu, die Kraft der Drehbewegung zu verstärken und so das Lösen der jeweiligen Schraube zu
vereinfachen. Dies steht im Einklang mit der glaubhaften Aussage des
Zeugen [...], der im Rahmen seiner Angaben zum Lösen von Schienenschrauben bekundete, zur Erleichterung könne man eine Verlängerung
auf das T des T-Schlüssels stecken, so mache er das immer, wenn er im
Rahmen seiner beruflichen Tätigkeit Schienenschrauben löse.
Die Feststellungen, dass der sichergestellte T-Schlüssel zur Tatausführung geeignet war, sowie, dass die tatgegenständliche Manipulation
mittels eines T-Schüssels erfolgte, beruhen auf den nachvollziehbaren

Ausführungen des Sachverständigen [...], denen sich die Kammer unter eigener Überzeugungsbildung vollumfänglich anschließt sowie den glaubhaften Bekundungen des Zeugen [...].

Der Zeuge [...], der als Bundesbahnbetriebsinspektor tätig ist und daher über die entsprechende Praxiserfahrung verfügt, gab nachvollziehbar an, zum Lösen der Gleisschrauben werde zumindest ein Rechteckschlüssel benötigt, dies sei ein T-förmiger Stockschlüssel. Einen solchen habe er schon selbst beim Lösen von Schienenschrauben verwendet. Daneben sei dies auch maschinell mit einem Schraubpflug oder einem Schlagschrauber möglich. Bei dem Stockschüssel handele es sich um Spezialwerkzeug, welches man bei Gleisbaufirmen oder aber dem Hersteller erwerben könne, in Baumärkten sei so etwas nicht erhältlich. Grundsätzlich sei der T-förmige Stockschlüssel eher in der Vergangenheit zum Einsatz gekommen und werde heute noch zum Lösen einzelner Schrauben verwendet. Ansonsten sei in der heutigen Zeit der Schlagschrauber üblicher. Der Sachverständige [...], dem unter anderem ein Teil der am Tatort sichergestellten gelösten Schrauben sowie der sichergestellte T-Schlüssel im Rahmen seiner Untersuchung vorlagen, führte aus, dass die Schraubenköpfe der gelösten Schienenschrauben besonders seien. Ihre rechteckige Form sei außergewöhnlich für eine Schraube, welche normalerweise einen sechskantigen Kopf habe. Zum Lösen habe es also eines Spezialwerkzeuges bedurft. Der sichergestellte T-Schlüssel (Ass.-Nr. 4.1) habe eine entsprechende Werkzeugaufnahme aufgewiesen, er sei so ausgeformt, dass man mit diesem die sichergestellten Schraubenköpfe habe ausdrehen können. Zwar sei dies grundsätzlich, wenn dies auch umständlicher wäre, mit einer Zange denkbar, die Spuren an den gelösten Schrauben, sprächen jedoch gegen die Verwendung eines Greifwerkzeuges. In diesem Fall wären ganz andere Merkmale vorhanden. Man könne anhand des weggeriebenen Rosts erkennen, dass die Schrauben unter Einsatz eines Werkzeuges, welches an den vier Kanten ansetze, ausgedreht wurden. Wahrscheinlich sei dafür das erforderliche Spezialwerkzeug, wie es auch im Rahmen der Ermittlungen gefunden wurde, benutzt worden. Die Spurenlage sei jedoch so minimal, dass eine eindeutige Identifizierung dahingehend, ob es genau das gefundene Werkzeug gewesen ist, nicht möglich sei. Die geringe Spurenlage erkläre sich bei Verwendung des T-Schlüssels dadurch, dass der TSchlüssel aufgrund der konischen Beschaffenheit des Schraubenkopfes, sobald die Schraube eingeführt sei, nur unten den Schraubenkopf berühre und dort passgenau sitze, so dass in der Bewegung nicht viel Spiel sei.

In Anbetracht dessen, dass der Sachverständige [...] die Verwendung einer Zange als Tatwerkzeug ausgeschlossen hat und ausführte, dass es sich um ein Werkzeug mit 4-kantigem Ansatz gehandelt haben müsse, sowie in Anbetracht der durch die Verwendung eines T-Schüssels erklärbaren minimalen Spurenlage an den Schraubenköpfen, geht die Kammer davon aus, dass für die Schienenmanipulation ein T-Schlüssel verwendet

wurde. Dies steht auch im Einklang mit der Aussage des Zeugen [...],
der die Verwendung eines T-Schlüssels als eine Möglichkeit zum Lösen
der tatgegenständlichen Schienenmanipulation anführte.

Der im Fahrzeug des Angeklagten gefundene T-Schlüssel ist geeignet,
die tatgegenständliche Manipulation durchzuführen, was ein Indiz für die
Täterschaft des Angeklagten ist. Da es sich bei einem T-Schlüssel um ein
Spezialwerkzeug für den Gleisbau handelt, mit welchem der Angeklagte
weder privat noch beruflich anderweitig verflochten ist, ist auch kein anderer Grund oder keine andere Verwendungsmöglichkeit als die Tatbegehung ersichtlich, die erklären könnte, weshalb der Angeklagte diesen in
seinem Fahrzeug aufbewahrt.

Darüber hinaus steht aufgrund der Bekundungen des Zeugen KOK [...]
zur Überzeugung der Kammer fest, dass der Angeklagte ihm gegenüber
selbst äußerte, das zu der Schienenmanipulation verwendete Werkzeug
in seinem Auto gelagert zu haben. Der Zeuge KOK [...] bekundete, den
Angeklagten nach dem Zugriff durch das SEK im Hotel [...] am
21.03.2020 übernommen und zusammen mit einer Kollegin zum Polizeipräsidium Köln verbracht zu haben. Der Angeklagte und er hätten eine
ganz gute, kumpelhafte Gesprächsbasis gehabt. Der Angeklagte habe im
Auto erzählt, damit gerechnet zu haben, dass er festgenommen werde.
Auf Rückfrage des Zeugen, wie man damit rechnen könne, habe der Angeklagte entgegnet, Kenntnis von einem Terroranschlag in Deutschland
zu haben. Nach erneuter Beschuldigtenbelehrung habe der Angeklagte
weiter berichtet und hierbei im Fließtext eine Chronologie herunterge-
rattert. Dazu Fragen zu stellen, sei der Zeuge gar nicht gekommen. Der
Angeklagte habe erzählt, Kenntnis von einem Personenkreis zu haben,
dem Personen mit den Namen „[...]" und „[...]" angehören. Diese seien
in Hamburg und Kassel ansässig. Er habe Kontakt zu einem Terroristen-
guru, der in Deutschland was plane. Seine Aufgabe sei es, die beiden zu
beobachten und zu prüfen, was die machen, um im Ernstfalle einschreiten zu können. Er habe die beiden Personen verfolgt und eine Situation
auf dem Bahnsteig gesehen, wie sie sich an Bahngleisen zu schaffen
gemacht haben und auch Gegenstände auf die Gleise gelegt hätten. Sie
haben einen Zug zum Entgleisen bringen wollen. Er sei dann dort hin und
habe die gröbsten Gegenstände weggenommen, damit nichts passiere.
Das habe er dann der Polizei mitteilen wollen und sei über den Notruf in
Koblenz bei der Polizei gelandet, aber die Polizei habe ihn nicht ernst
genommen. Deshalb habe er die Observation weiter aufgenommen und
die beiden Personen in Köln aufgespürt. Dort habe er dann deren Werkzeug, bei dem es sich um Spezialwerkzeug gehandelt habe, an sich genommen und in seinem Auto gelagert. Anschließend sei er ins Hotel und
dort dann festgenommen worden. Der Angeklagte habe auf den Zeugen
gut gelaunt und redselig - eine Stufe unter euphorisch - gewirkt, was für
die Situation, in der er sich befunden habe, eher unüblich gewesen sei.
Er habe seine Erzählungen sehr schön umschrieben, habe viele „wie-

Wörter" verwendet und sei in offener Gesprächshaltung aufgetreten. Die Kammer erachtet die Bekundungen des Zeugen aufgrund der detailgetreuen Angaben frei von Belastungstendenz - berichtete er doch von einer guten, kumpelhaften Gesprächsbasis - in Bezug auf den Angeklagten als vollumfänglich glaubhaft. Der Zeuge konnte sich zudem neben den Inhalten, welche ihm durch den Angeklagten vermittelt wurden, auch noch an seinen persönlichen Eindruck vom Angeklagten hinsichtlich dessen persönlicher Verfassung sowie an dessen Ausdrucksweise erinnern, was belegt, dass der Zeuge über eine umfassende Erinnerung an die Begegnung mit dem Angeklagten verfügte. Die Angaben des Angeklagten dahingehend, den Mitgliedern der Terrorzelle das Werkzeug entwendet zu haben, nachdem sie sich an den Bahngleisen zu schaffen gemacht haben und in sein Auto verbracht zu haben, sprechen dafür, dass es sich bei dem T-Schlüssel - wie der Angeklagte selbst angab - um das Tatwerkzeug handelt.

Hierfür spricht auch, dass der Angeklagte das Werkzeug in seinem Auto von selbst, also ohne Nachfragen oder Hinweise des Zeugen zu irgendwelchen Werkzeugen mit der Schienenmanipulation in Verbindung brachte. Dass es jedoch nicht - wie der Angeklagte ausführte - von den beschriebenen Terroristen verwendet wurde, ergibt sich daraus, dass die in Rede stehende Terrorzelle nicht existiert und die sie betreffenden Schilderungen der Fantasie des Angeklagten entspringen (s.o.).
Mithin deuten vorstehende Umstände zur Überzeugung der Kammer darauf hin, dass es der Angeklagte gewesen ist, welcher den in Rede stehenden T-Schlüssel zur Durchführung der Schienenmanipulation verwendet hat.

Den Bezug der gegenüber dem Zeugen KOK [...] gemachten Angaben zu der hier gegenständlichen Tat sieht die Kammer im Übrigen auch darin, dass der Angeklagte erzählte, die Terroristen hätten im Zuge ihrer Manipulation an den Gleisen Gegenstände auf die Gleise gelegt und er habe sodann die gröbsten Gegenstände weggenommen - was im Einklang mit dem Erscheinungsbild des Tatorts nach Abschluss der Schienenmanipulation steht. Aus den Bekundungen der mit der Spurensicherung befassten Zeugin KK'in [...] und des am Tatort anwesenden Zeugen [...] ergibt sich, dass die gelösten Teile sich nicht mehr auf den Gleisen befanden, sondern voneinander getrennt und zur Seite in das Schotterbett bzw. den angrenzenden Grünstreifen gelegt worden waren. Der Zeuge [...] bekundete, die Gleise hätten „wie gekehrt" gewirkt.
Mit dieser Angabe offenbarte der Angeklagte mithin explizites Täterwissen in Bezug auf die zur Verurteilung gelangte Tat. Dies gilt auch in Ansehung dessen, dass zum Zeitpunkt dieser Angaben des Angeklagten die tatgegenständliche Manipulation schon entdeckt wurde und hierzu sodann öffentlich zugängliche Informationen vorgelegen haben können, da sich die Aussagen des Angeklagten auf Feststellungen bezieht, die sich den Ermittlungsbehörden im Rahmen der Spurensicherung erschlos-

sen, mithin die Kammer nicht davon ausgeht, dass sie bis zum Zeitpunkt der Festnahme des Angeklagten Gegenstand einer Berichterstattung zur Streckensperrung waren.

Dem Hilfsbeweisantrag der Verteidigerin vom 22.03.202, gestellt für den Fall, dass die Kammer davon ausgeht, dass mit dem im Fahrzeug des Angeklagten aufgefundenen Vierkantsteckschlüssel die 254 Schrauben der ICE Strecke aufgedreht wurden, gerichtet auf die Inaugenscheinnahme des Vierkantsteckschlüssels zum Beweis der Tatsache, dass die Unter- und Innenseiten des Vierkantsteckkopfschlüssels vollständig verrostet und keine Abriebspuren vorhanden sind, war nicht nachzugehen, da die zu beweisende Tatsache aus tatsächlichen Gründen ohne Bedeutung ist, § 244 Abs. 3 S.3 Nr. 2 StPO.

Selbst wenn die Beweistatsache erwiesen wäre, ließe dies keinen zwingenden Schluss, der für die Tat- und Schuldfrage des Angeklagten relevant sein könnte, zu. Zwar handelt es sich bei der Frage, ob Spuren an dem TSchlüssel bei der Tatausführung erwartbar sind oder nicht, um eine Frage, deren Bewertung einem Sachverständigen obliegt, so dass die Kammer diese nicht selbst anstellen kann. Selbst wenn sich hieraus jedoch - im Falle zu erwartender Spuren - der Schluss ergeben kann, dass der im Fahrzeug des Angeklagten gefundene T-Schlüssel nicht das Tatwerkzeug gewesen ist, steht dies der Täterschaft des Angeklagten nicht entgegen. Ungeachtet dessen, dass der Angeklagte selbst gegenüber dem Zeugen KOK [...] angab, dass es sich bei dem in seinem Fahrzeug befindlichen Werkzeug um das Tatwerkzeug handele, wäre es nämlich - gerade vor dem Hintergrund der übrigen für den Angeklagten belastenden Indizienlage - auch möglich, dass er sich eines anderen T-Schlüssels zur Tatausführung bedient und diesen sodann entsorgt oder anderweitig gelagert hätte.

Auch unter Aufklärungsgesichtspunkten war daher insoweit keine weitere Veranlassung geboten.

Weiter für die Täterschaft des Angeklagten spricht der Umstand, dass in der Tasche einer Jacke, die sich im hinteren Bereich seines Autos befand, ein Zettel gefunden wurde, auf welchem handschriftlich Zugfahrzeiten auf der Strecke zwischen Köln und Frankfurt am Main notiert waren.
Dies ergibt sich aus den Bekundungen des Zeugen KHK [...] sowie der Inaugenscheinnahme der von KHK [...] gefertigten Lichtbildmappe vom 03.04.2020 zur kriminaltechnischen Untersuchung des PKW des Angeklagten. Auf den Bildern der Lichtbildmappe mit den Nummern 017 und 018 ist der Zettel als Detailaufnahme zu sehen. Auf dem auseinandergefalteten karierten Papier befinden sich auf der Vorder- und Rückseite jeweils mit blauem Stift handschriftlich notierte Uhrzeiten. Auf einer Seite befindet sich ganz oben ein großes, unterstrichenes „K" mit einem nach rechts weisenden Pfeil dahinter. Mit einem Absatz folgen sodann die gesamte Seite entlang fortlaufende Zeiten, beginnend bei 12:18 endend bei 20:46. Pro Zeile folgt nach der Zeitangabe in der ersten Spalte jeweils nach einem nach rechts weisenden Pfeil in der zweiten Spalte die An-

gabe „FFM", „Basel", „Passau", „M.", „Nbg", oder „Karlsr.", jeweils in der gleichen Zeile gefolgt von einer weiteren Uhrzeit in der dritten Spalte. In einer Zeile, ist rechts neben diesen Angaben die Information „fällt aus" geschrieben, in einer anderen Zeile befindet sich am linken Rand der Zusatz „IC".

Auf der Rückseite des Zettels setzt sich diese Liste zunächst fort. Nach einer Trennlinie quer über das Blatt befindet sich oben links die Angabe „FFM". Nach einem großen Absatz, der über weite Teile des Zettels geht, folgen in gleicher Weise Zeitangaben mit Pfeilen und Abkürzungen aus Buchstaben, in einem Fall der Angabe „Kiel". Die Zeiten in diesem Absatz reichen von 21:10 bis 6:05.

Hieraus schließt die Kammer, dass der Angeklagte Zugfahrzeiten, welche die Strecke zwischen Köln und Frankfurt umfassen, auf dem Zettel notiert hat. Hierbei geht sie davon aus, dass das „K" oben auf der beschriebenen Seite des Zettels für Köln und „FFM" auf der Rückseite für Frankfurt am Main steht, die Zeiten in der ersten Spalte für die Abfahrtszeit, die Angaben in der zweiten Spalte für das Ziel und die Zeitangabe in der dritten Spalte für die Ankunftszeit.

Dies spricht dafür, dass der Angeklagte unterwegs die auf dem Zettel notierten Informationen benötigte. Vor dem Hintergrund der Tatausführung und der erklärt sich dies zwanglos, da es für den Angeklagten von existenzieller Bedeutung gewesen sein muss, zutreffend über die Zugfahrten auf der Strecke, an welcher er seine Arbeiten verrichtete, informiert zu sein. Eine falsche Information hätte ihn dem Risiko ausgesetzt, von einem unerwarteten Zug erfasst und verletzt oder getötet zu werden. Es ist folglich naheliegend, sich nicht nur auf das eigene Gedächtnis hinsichtlich der Fahrzeiten zu verlassen, sondern dies nochmals in Schriftform, quasi als Spickzettel, direkt dabei zu haben. Auch vor dem Hintergrund, dass insbesondere in Anbetracht der kriminellen Vorerfahrung des Angeklagten davon auszugehen ist, dass er sein Mobiltelefon nicht mit an einen Tatort führte, oder es dort zumindest nicht einschaltete, ist dies plausibel - andernfalls wäre nämlich eine Fahrplanauskunft leicht auch über das Mobiltelefon einholbar gewesen, so dass es des Zettels nicht bedurft hätte. Ein anderer Grund für das Auffinden des Zettels in der Jackentasche des Angeklagten ist nicht ersichtlich, von einer beabsichtigten eigenen Zugfahrt geht die Kammer jedenfalls nicht aus.

(7) Angeklagter war körperlich zur Tatausführung in der Lage
Die Feststellung, dass der Angeklagte zur Tatausführung körperlich auch in der Lage gewesen ist, beruht maßgeblich auf den schlüssigen und nachvollziehbaren Ausführungen des Sachverständigen Prof. Dr. [...], welchen sich die Kammer unter eigener Überzeugungsbildung vollumfänglich anschließt.

Der Sachverständige führte aus, nach Auswertung der Untersuchung einer Haarprobe vom 18.05.2020, elektronischer Krankenunterlagen aus der Justizvollzugsanstalt sowie dem Ergebnis eines Lungenfunktionstests des Angeklagten vom 15.01.2021 und der sich daraus ergebenden Befunde zu dem Ergebnis gekommen zu sein, dass der Angeklagte eine degenerative Grunderkrankung der Halswirbelsäule aufweise und zudem mehrere Bandscheibenvorfälle im Bereich der Lendenwirbelsäule gehabt habe und diesbezüglich auch mehrfach operiert worden sei. Zudem leide der Angeklagte unter Asthma, seine Lungenfunktion sei deutlich eingeschränkt.

Unter dem Gesichtspunkt der körperlichen Leistungsfähigkeit des Angeklagten, speziell im Hinblick auf das Lösen mehrerer Schrauben mit einem T-Kreuz, seien dessen gesundheitlichen Einschränkungen jedoch nicht so, dass er damit mittels eines T-Kreuzes keine Schrauben lösen könne.

Die Befunde am Rücken haben zwar Einschränkungen im Gehen zur Folge, was sich dadurch äußere, für eine bestimmte Wegstrecke eine längere Zeit zu benötigen, seien jedoch nicht zwangsläufig im Gangbild erkennbar. Zudem habe der Angeklagte in der JVA beantragt, Trimmrad fahren zu können, hierbei habe es sich auch um ein ganz normales Rad gehandelt, so dass ein gewisser Bewegungsumfang für die Nutzung dazugehöre, was dem Angeklagten offensichtlich möglich sei.
Bezüglich der Kraft des Angeklagten in den Armen gebe es keine Hinweise darauf, dass dort etwas eingeschränkt sei. Zwar leide der Angeklagte hier möglicherweise unter Schmerzen, begegnete dem jedoch hochdosiert mit Tilidin, was bedeuten könne, dass diese deutlich reduziert bzw. gar nicht zu spüren waren. Muskulär sei überdies nicht unbedingt eine körperliche Einschränkung aus dem Krankheitsbild des Angeklagten abzuleiten. Es habe in der Vergangenheit nur Hinweise auf Sensibilitätsstörungen des Angeklagten in den Armen gegeben, diese hätten jedoch nichts mit den motorischen Reizen, also denen die für die Muskelbewegung notwendig seien, zu tun.

Die als stark zu bewertende Einschränkung der Lungenfunktion des Angeklagten habe keine unmittelbare Wirkung auf dessen spürbare Leistungsfähigkeit. Eine Einschränkung wäre erst dann bemerkbar, wenn durch die Anstrengung mehr Sauerstoff verbraucht werde, als nachgeliefert werden könne, was bei normalen Betätigungen, sofern es sich nicht beispielsweise um ein Wegrennen handeln würde, nicht der Fall sei. Was die akute Leistungsfähigkeit von muskulärer Arbeit betreffe, sei die Einschränkung oftmals gar nicht zu sehen.

Alles in allem gebe es keinen Hinweis darauf, dass der Angeklagte körperlich nicht in der Lage gewesen sei, sich an Gleisen manipulativ zu schaffen zu machen. Er sei körperlich nicht so gebrechlich, dass er diese Art von Tätigkeit nicht hätte durchführen können.
Dies steht auch im Einklang mit der Aussage des Zeugen [...], welcher bekundete bei seiner Begegnung mit dem Angeklagten am 20.03.2020

keine physischen Auffälligkeiten beim Angeklagten wahrgenommen zu
haben und wird bestätigt durch die Feststellungen hinsichtlich der Flucht
des Angeklagten aus dem Hotel [...] am Vormittag des 15.03.2020, welche auf den glaubhaften, weil übereinstimmenden und in sich schlüssigen
Bekundungen der Zeugen [...] beruhen. Hiernach hat der Angeklagte das
Hotel [...] auf den Parkplatz rennend und ohne erkennbare gesundheitliche Beeinträchtigungen verlassen. Wäre der Angeklagte körperlich so
schwer geschädigt, dass ihm die Tatausführung nicht möglich gewesen
wäre, hätte zu erwarten gestanden, dass ihm ein solches Vorgehen nicht
möglich gewesen wäre. Auch die Zeugin [...] gab an, dass ihr bei dem
Angeklagten während des Abends des 14.03.2020, den sie in einer
Runde mit ihm verbrachte, keine körperlichen Beeinträchtigungen auf-
gefallen seien. In Anbetracht der unmittelbaren zeitlichen Nähe zur
Tatbegehung geht die Kammer auch davon aus, dass dieser Gesundheits-
zustand dem des Angeklagten bei der Tatbegehung entsprach.
Zudem hatte der Angeklagte, wie sich aus den Ausführungen des Sachverständigen Prof. Dr. Dr. [...] auf Basis der Untersuchung einer Brust-
haarprobe des Angeklagten, ergibt, in der Vergangenheit das starke
Schmerzmittel Tilidin eingenommen, so dass die Kammer davon ausgeht,
dass der Angeklagte im Falle im Zusammenhang mit der Tatausführung
stehender Schmerzen die Möglichkeit gehabt hat, diese medikamentös
zu lindern, so dass auch unter diesem Aspekt davon ausgegangen wird,
dass der Angeklagte zur Tatausführung körperlich in der Lage gewesen
war.

Dass der Angeklagte im Rahmen der Einlassung zu seiner Person in der
Hauptverhandlung erklärte, körperlich massivst beeinträchtigt zu sein,
wertet die Kammer vor diesem Hintergrund als reine Schutzbehauptung
(s.o.).

Hierfür spricht überdies auch der Umstand, dass der Angeklagte hier
explizit angab, selbst das Fahrradfahren sei für ihn in Anbetracht des sofortigen Versagens beider Beine und Arme bei Druck-, Hebe- oder Drehbewegungen ein zu großes Risiko, gleichzeitig jedoch entsprechend der
Ausführungen des Sachverständigen Prof. Dr. [...] im Rahmen der
Justizvollzugsanstalt ein Trimmrad beantragte.
Dass es dem Angeklagten nicht fremd ist, wahrheitswidrig körperliche
Beeinträchtigungen dafür anzuführen, zur Begehung eines ihm vorgewor-
fenen Delikts nicht in der Lage gewesen zu sein, ergibt sich im Übrigen
aus den auszugsweise verlesenen Urteilen des Landgerichts Traunstein
vom 17.12.2013, hier insbesondere der Beweiswürdigung, aus welcher
sich ergibt, dass der Angeklagte behauptete, zu dem ihm zur Last gelegten Aufbrechen eines Telefonautomats aufgrund seiner schwersten
Wirbelsäulenerkrankung nicht in der Lage gewesen zu sein.
Insoweit war dem Hilfsbeweisantrag der Verteidigerin vom 22.03.2021,
der für den Fall gestellt wurde, dass die Kammer davon ausgeht, dass
der Angeklagte keine erhebliche körperliche Beeinträchtigung hinsichtlich

seiner Lungenfunktion hatte, nicht nachzugehen. Der Antrag war darauf
gerichtet, das diesem anliegende Schreiben der Lungenfunktionsprüfung
des Angeklagten vom 15.01.2021 zu verlesen. Hiermit sollte bewiesen
werden, dass der FEV1 Wert des Angeklagten 38% des Sollwertes be-
trögt. Die Kammer geht vor dem Hintergrund der Schilderungen des
Sachverständigen Prof. Dr. [...] davon aus, dass die körperlichen Beeinträchtigungen der Lungenfunktion des Angeklagten - auch zum Tatzeit-
punkt - stark, mithin erheblich waren, auch wenn sie ihn zur Überzeugung der Kammer nicht an der Tatausführung hinderten, so dass dem
Beweisantrag nicht nachzugehen war. Darüber hinaus wurde die
bezeichnete Befundtatsache bereits durch die Gutachtenerstattung des
Sachverständigen Prof. Dr. [...] eingeführt, welcher der in Rede stehende
Lungenfunktionstest des Angeklagten zu Grunde lag, so dass auch vor
dem Hintergrund der gerichtlichen Aufklärungspflicht dem Antrag nicht
nachzugehen war.

Dem weiteren Hilfsbeweisantrag der Verteidigerin vom 22.03.2021, gestellt für den Fall, dass die Kammer davon ausgeht, dass der Angeklagte
trotz seiner körperlichen Beschwerden 254 Schrauben an der ICE Strecke
hätte lösen können, gerichtet auf die Einholung eines Sachverständigen-
gutachtens zum Beweis der Tatsache, dass der Angeklagte mit einer dia-
gnostizierten Lungenfunktion von 38 % und mehreren Bandscheibenvor-
fällen maximal zehn Schrauben innerhalb von einer Stunde hätte lösen
können, war ebenfalls nicht nachzugehen.

Ungeachtet dessen, dass vor dem Hintergrund des Umstands, dass im
Rahmen des Beweisantrags keinerlei Anknüpfungstatsachen dahingehend
mitgeteilt wurden oder anderweitig erkennbar waren, die die Annahme
begründen, dass der Angeklagte nur maximal zehn Schrauben innerhalb
von einer Stunde hätte lösen können und er demzufolge ins Blaue hinein
gestellt ist, ist das Beweismittel völlig ungeeignet, § 244 Abs. 3 S. 3 Nr.
4 StPO. Mangels vorhandener oder mitgeteilter Anknüpfungstatsachen,
beispielsweise zur genauen Tatausführung (Verwendung des Hebelrohrs
oder nicht) oder der Lichtverhältnisse (z.B. verändert durch Ausleuch-
ten) am Tatort zur Tatzeit, lässt sich nach sicherer Lebenserfahrung das
in Aussicht gestellte Ergebnis einer konkreten Zahl an pro Stunde durch
den Angeklagten zu lösender Schrauben durch ein Sachverständigengut-
achten nicht erzielen. In Ansehung dessen war auch unter Aufklärungsgesichtspunkten keine weitere Veranlassung geboten.

(8) Motiv
Neben den dargestellten Indizien, die bereits eklatant auf eine Täterschaft des Angeklagten hindeuten und deren Zusammentreffen bei
gesamtbetrachtender Würdigung nicht mehr durch Zufall oder andere
Umstände als einer Begehung der zur Verurteilung gelangenden Tat erklärbar sind, hatte der Angeklagte auch ein Motiv.
Dieses entspringt zur Überzeugung der Kammer dem übersteigerten

Selbstverständnis und der hieraus resultierenden Geltungssucht des Angeklagten, verbunden mit dessen tatsächlicher Perspektivlosigkeit. Diese Überzeugung folgt aus einer Gesamtschau der getroffenen Feststellungen hinsichtlich der Vita des Angeklagten, seiner Persönlichkeit und seinen Bemühungen dahingehend, bereits im weiten Vorfeld der Tat das Szenario der Bedrohung durch die Terrorzelle, die nur er bekämpfen könne, zu etablieren.

Aus den getroffenen Feststellungen zu den persönlichen Verhältnissen des Angeklagten ergibt sich, dass der Angeklagte durch fortgesetztes kriminelles Verhalten weite Teile seines Lebens in Haft verbrachte und demzufolge keine festen Strukturen im Sinne einer dauerhaften beruflichen Tätigkeit oder anderweitigen Selbstverwirklichung in seinem Leben etablieren konnte und es auch mit Blick auf seine Haftentlassung am 19.12.2019 nicht absehbar war, dass ihm dies in naher Zukunft gelingen würde. Diese Perspektivlosigkeit war nach Überzeugung der Kammer Ausgangspunkt dafür, dass der Angeklagte seit 2017 daran arbeitete, ein Szenario, in deren Mittelpunkt die durch ihn beschriebenen Terrorzelle einerseits und er als deren Bekämpfer andererseits, standen zu erschaffen. Die seit dem Jahr 2017 erfolgenden Bemühungen des Angeklagten, gerichtet auf die Schaffung des besagten Bedrohungsszenarios, welches mit Schreiben, datiert auf den 19.12.2019 seinen Höhepunkt erreichte, sind insbesondere belegt durch die vom Angeklagten verfassten Schreiben an öffentliche und politische Stellen und deren Inhalte (so).
Aus den Schreiben, welche ihrem Inhalt nach im Rahmen des Selbstleseverfahrens eingeführt wurden, ergibt sich, dass der Angeklagte vorgab, in Kontakt zu Mitgliedern einer deutsch-französischen islamistischen Terrorzelle zu stehen, welche Anschläge auf den öffentlichen Bahnverkehr beabsichtigen, was er unter anderem politischen und öffentlichen Stellen mitteilte. Er gab in den Schreiben zudem an, dass er allein in der Lage sei, an diese Zelle heranzukommen und die beabsichtigten Terroranschläge zu verhindern. Dies weist nach Auffassung der Kammer auf das festgestellte überhöhte Selbstbild des Angeklagten hin, der sich hiermit auch als den staatlichen Ermittlungsstellen überlegen geriert.
Vor dem Hintergrund der bescheidenden realen Gegebenheiten im Leben des Angeklagten war diese Idee das einzige Umfeld, in welchem er eine solch heldenhafte Rolle einnehmen konnte. Es bestand mithin ein Missverhältnis zwischen dem Selbstbild des Angeklagten und den realen Gegebenheiten in seinem Leben. Dass der Angeklagte aufgrund dessen die von ihm geschaffene Geschichte dazu nutzte um der seinem Selbstverständnis nicht ausreichenden Realität zu entfliehen, belegen auch die ebenfalls unter den Schreiben des Angeklagten aufgefundenen und im Selbstleseverfahren eingeführten Auflistungen sogenannter „Verständigungspunkte". Der Angeklagte führte hierin in ausgesprochen detaillierter Weise über eine Vielzahl von Seiten Punkte auf, welche er für die durch ihn angebotene Verfolgung der Terrorzelle begehrte. Hierauf waren genauestens bezeichnete Luxusgüter, monetäre Forderungen sowie

unter anderem auch staatliche Unterstützung bei seinem Vorhaben verschiedenster Art aufgelistet. Der Umstand, dass die vom Angeklagten formulierten Verständigungspunkte einen evident utopischen Charakter aufweisen, da diese sich über jegliche geltenden Regeln hinwegsetzen und teils von den Adressaten in keiner Weise umsetzbar gewesen wären, deutet für die Kammer darauf hin, dass der Angeklagte sich immer weiter in die von ihm geschaffene Welt, in der ihm seinem Selbstverständnis entsprechend alles, ohne jede Beschränkung zusteht, geflüchtet hat. Hierin kommt zudem zum Ausdruck, was der Angeklagte als angemessen für die eigene Lebensführung erachtet hat, was zwanglos im Einklang mit der Annahme der überhöhten Selbstwahrnehmung des Angeklagten steht. Der Angeklagte begehrte im Rahmen seiner Verständigungspunkte zudem auch die sofortige Ausstellung einer „neuen, kompletten Identität", worin für die Kammer der Wunsch des Angeklagten zum Ausdruck kommt, sich von den bisherigen Bedingungen seines Lebens, die untrennbar mit seiner Person verbunden sind, zu entfernen und sich selbst eine neue Perspektive zu eröffnen.

Der Wunsch des Angeklagten, seinem eigenen überhöhten Selbstbild entsprechend wahrgenommen zu werden, folgt im Übrigen auch aus den glaubhaften, weil in sich schlüssigen und konstanten Aussagen der Zeugen [...] sowie der Zeugin [...] zu den Gesprächen mit dem Angeklagten im Hotel [...] sowie im Hotel [...].
Das Ehepaar [...] bekundete übereinstimmend, dass der Angeklagte im Rahmen seines Aufenthaltes vorgegeben habe, für den Verfassungsschutz tätig zu sein. In einem Gespräch am Abend des 20.03.2020 habe er zudem davon berichtet, mit seiner Gruppe einen Anschlag auf die Bahnstrecke zwischen Köln und Frankfurt am Main vereitelt zu haben, durch seine Arbeit sei gerade noch Schlimmeres verhindert worden.
Die Zeugin [...] hatte den Eindruck, dass der Angeklagte stolz auf seine Tätigkeit beim Verfassungsschutz gewesen sei und bekundete, dass es so rübergekommen sei, dass der Angeklagte sich der guten Seite zugehörig fühle und seine Tätigkeit gerne ausübe.
Hieraus wird das beim Angeklagten vordringliche Bedürfnis, als heldenhafte und erfolgreiche Person wahrgenommen und anerkannt zu werden, deutlich.
Dies steht auch im Einklang mit den weiteren Bekundungen des Ehepaars [...]. Sie führten übereinstimmend aus, dass der Angeklagte im Rahmen seiner Erzählungen auch angegeben habe, er sei in der Vergangenheit beim MAD, im Fliegerhorst in Bayern als Tornadopilot tätig gewesen, was jedoch in Anbetracht der Erkenntnisse zur Person des Angeklagten nicht der Wahrheit entspricht.

Die Zeugin [...], welche davon berichtete, zusammen mit ihrem Kollegen [...] am Abend des 14.03.2020 mit dem Angeklagten im Restaurantbereich des Hotels [...] ins Gespräch gekommen zu sein, bekundete, dass der Angeklagte unter anderem erzählt habe, eine eigene Firma zu haben

und im Rahmen seiner Tätigkeit ein Programm entwickelt zu haben, mit welchem man Inhalte des Darknets entschlüsseln könne. Ferner habe der Angeklagte davon berichtet, mit einer Hotelmanagerin aus Innsbruck liiert zu sein und mit dieser zusammen ein Hotel in Monaco erwerben zu wollen sowie über ein altes Bauernhaus in Österreich zu verfügen, welches ein Familienerbstück sei und welches er restauriert habe. In Anbetracht der evidenten Wahrheitswidrigkeit dieser Angaben des Angeklagten gegenüber den Zeugen, welche sowohl seine finanziellen und beruflichen als auch persönlichen Verhältnisse wesentlich besser darstellten, als es in Wahrheit der Fall war, wird deutlich, dass der Angeklagte wiederholt Geschichten erfand, um - so die Überzeugung der Kammer - so die für ihn notwendige Anerkennung zu erlangen und ihm auch bewusst war, dies mit einer realen Schilderung seiner Lebensverhältnisse nicht erreichen zu können.
Dies steht auch im Einklang mit den Bekundungen des Zeugen [...], welcher angab, die Gespräche des Angeklagten mit der Zeugin [...] und ihrem Begleiter [...] am Abend des 14.03.2020 mitbekommen zu haben und sich über die teilweise absurden Gesprächsinhalte gewundert zu haben, bei welchen er davon ausging, dass die Erzählungen des Angeklagten nicht stimmen können und etwas mit dem Angeklagten nicht ganz richtig sei.

Durch den enormen Schreibaufwand, welchen der Angeklagte zur Etablierung des von ihm erfundenen Szenarios der Terrorzelle betrieb, wird deutlich, dass bei dem Angeklagten, der beharrlich von der Existenz der Terrorzelle berichtete, sich hierin immer weiter reinsteigerte und akribisch seine Forderungen formulierte, die eigene Fantasie und die Realität zunehmend verschwammen. Hierbei geht die Kammer jedoch davon aus, dass es dem Angeklagten zu jeder Zeit möglich gewesen ist, sein Verhalten zu reflektieren und sein Handeln zu ändern, er mithin die erfundene Geschichte von der Terrorzelle bewusst als ein Mittel genutzt hat, um die für ihn so wichtige Anerkennung zu erhalten. Dies ergibt sich aus den nachvollziehbaren Ausführungen des Sachverständigen Prof. Dr. [...] zur Persönlichkeitsstruktur des Angeklagten, welchen sich die Kammer unter eigener Überzeugungsbildung in vollem Umfang anschließt.
Der Sachverständige, dessen Gutachtenerstattung auf Basis der Akten sowie dem Eindruck vom Angeklagten in der Hauptverhandlung basiert, führte aus, dass die Persönlichkeit des Angeklagten von drei Komponenten geprägt sei - einer dissozialen Persönlichkeitsstörung (ICD 10: F 60.2), narzisstischen Zügen sowie dem Phänomen der Pseudologia phantastica.

Die Diagnose der dissozialen Persönlichkeitsstörung erfolge, da beim dem Angeklagten alle Verhaltensmerkmale nachweisbar seien, welche die internationale Klassifikation psychischer Störungen ICD-10 für deren Annahme verlange.
Die Vita des Angeklagten sei durchgängig durch auffällige Wesenszüge,

die sein Verhalten bis zum heutigen Tage bestimmen würden, geprägt.
Maßgeblich sei hierbei eine besondere Rücksichtslosigkeit anderen Menschen gegenüber, die durchgängige Missachtung sozialer Normen, Regeln und Verpflichtungen, verbunden mit andauernder Verantwortungslosigkeit, was sich eindrucksvoll in dem fortgesetzten kriminellen Handeln des Angeklagten niederschlage. Offenkundig hiermit verknüpft sei die Unfähigkeit des Angeklagten, aus Erfahrungen - hier insbesondere aus Verurteilungen - zu lernen und damit auch seine Unfähigkeit, Schuldbewusstsein zu erleben. Bei dem Angeklagten falle zudem eine sehr geringe Frustrationstoleranz und eine niedrige Schwelle zu gewalttätigem Verhalten auf. Er neige darüber hinaus in ausgeprägter Art und Weise dazu, andere zu beschuldigen bzw. Rationalisierungen für sein Verhalten anzubieten.
Auch zeige sich bei dem Angeklagten ein Unvermögen, längerfristige Beziehungen einzugehen.

All diese Verhaltensmuster seien bei dem Angeklagten konstant von seiner Pubertät bis zum heutigen Tage nachzuweisen. Sie seien ganz offenkundig festgefügt, dysfunktional und würden dem Angeklagten und seiner Umwelt schaden, ohne, dass er bereit wäre, dieses Verhalten zu korrigieren. Der Angeklagte ziele jeweils nur auf seine unmittelbare Bedürfnisbefriedigung ab und denke nicht über die Konsequenzen nach. Durch eine andere seelische Erkrankung seien diese Verhaltensmuster nicht erklärbar.
Weiter führte der Sachverständige aus, dass die Persönlichkeit des Angeklagten narzisstische Züge aufweise, er durchaus ein Mensch sei, der sich selbst überhöhe. Dies zeige sich exemplarisch an den unrealen Forderungen, welche er an die Bundesregierung gestellt hatte. Dies zeige, dass er eine gewisse Bodenhaftung verliere und sich in Sphären hineinfantasiere, die der Realität nicht entsprechen, was eine narzisstisch begründete Selbstüberhöhung sei.

Die dritte Komponente, welche die Persönlichkeit des Angeklagten präge, sei das psychopathologische Phänomen der Pseudoligica phantastica. Gemäß der Definition handele es sich hierbei um eine krankhafte Neigung, die Wahrheit zu verfälschen, zu Lügen und erfundene Geschichten zu erzählen. Dieses Phänomen komme bei Erwachsenen entweder als harmlose Ausschmückung von Geschichten mit vielen erfundenen Details, die dem jeweiligen Publikum angepasst werden, oder als freie Erfindungen vor, die teils dem Geltungsbedürfnis, teils bestimmten und durchaus auch kriminellen Absichten dienen. Der Erzähler sei zumindest teilweise von der Realität der erzählten Begebenheiten überzeugt. Inhaltlich handele es sich um der Wunscherfüllung dienende Ausschmückungen der Wirklichkeit, durch welche die bedrückende Realität ausgedrückt werden soll. Bei der Pseudologia phantastica handele es sich in der Regel um eine Strategie, die von geltungsbedürftigen und narzisstisch gestörten Persönlichkeiten angewandt werde, um zu versuchen die eigene innere Leere zu

überdecken und anderen Menschen eine Identität vorzuspielen, welche
realiter nicht vorhanden sei. Dies diene einerseits dazu, sich selbst zu
überhöhen, geschehe andererseits aber auch durchaus in der Absicht,
durch die Lügengeschichten einen persönlichen Vorteil zu erlangen. Hierbei handele es sich nicht um eine seelische Erkrankung im engeren Sinne, sondern vielmehr um eine Strategie, die namentlich bei dissozialen,
geltungsbedürftigen, histrionischen und narzisstischen Persönlichkeitsstörungen zu finden seien. Dem Angeklagten sei es jedoch möglich, sein
Verhalten zu reflektieren und anzupassen.

Dass das Erfinden von Geschichten zur Erreichung eines vom Angeklagten angestrebten Zwecks seinem Verhalten immanent ist, ergibt sich
überdies auch aus den auszugsweise verlesenen Vorverurteilungen die
Person des Angeklagten betreffend. So liegt beispielsweise der Verurteilung durch das Amtsgericht Fürth vom 28.11.2017 zugrunde, dass der
Angeklagte vorgab, Mitglied eines Forscherteams zu sein, das Spielzeuge
auf Keime hin untersuche und von der Geschäftsleitung eines Spielzeug-
herstellers eine Zahlung mehrerer Millionen Euro dafür verlangte, die
Kontaminierung seiner Spielzeuge nicht weiterzugeben.
In Anbetracht des beträchtlichen Schreibumfangs, des langen Zeitraums
über welchen die Schilderungen erfolgten und der Vielzahl der zum Teil
handschriftlich verfassten Schreiben, was mit einem erheblichen Zeitauf-
wand einhergegangen sein muss, geht die Kammer davon aus, dass die
Implementierung der Idee von der islamistischen Terrorzelle für den
Angeklagten eine zentrale Bedeutung hatte und hiermit einhergehend
auch die damit unmittelbar verknüpfte Positionierung seiner selbst als
Terrorbekämpfer von besonderer, gar existenzieller Wichtigkeit, für den
Angeklagten gewesen ist.
In Anbetracht des zeitlichen Verlaufs, der nahelegt, dass Teile der Schreiben bereits aus der Haft heraus verfasst worden sind, da ein großer Teil
auf den 19.12.2019 datiert ist und die Kammer nicht davon ausgeht,
dass der Angeklagte all diese Schreiben am Tag seiner Haftentlassung
verfasst haben kann, erachtet die Kammer diese vom Angeklagten geschaffene Idee als einen letzten, sich lange anbahnenden Versuch, die
ihm nach seinem Verständnis zustehende und seiner Person gerecht
werdende Anerkennung zu erhalten und seinem Leben so nunmehr doch
noch eine Perspektive zu verschaffen.
Vor diesem Hintergrund erklärt sich zwanglos auch die Überzeugung der
Kammer davon, dass die ausbleibenden Reaktionen auf die Schreiben
des Angeklagten in diesem eine immer größer werdende Frustration
ausgelöst haben. Dies erklärt sich damit, dass mit dem Ausbleiben einer
Reaktion die offensichtliche Bedeutungslosigkeit des Inhalts der vom
Angeklagten verfassten Schreiben für die Adressaten deutlich wurde und
sich hierdurch die Hoffnung des Angeklagten, für sich selbst noch eine
Perspektive gewinnen zu können, zu zerschlagen drohte.
Die Kammer wertet diese Ausgangssituation des Angeklagten und seine
Persönlichkeitskonstitution als den Nährboden seines Entschlusses zur

Tatbegehung. Sie ist davon überzeugt, dass dem Angeklagten mit fortschreitendem Zeitablauf und weiter ausbleibender Reaktion bewusst wurde, allein durch weiteren Schreibaufwand sein Ziel, als Terrorbekämpfer
anerkannt und dafür auch entlohnt zu werden, nicht erreichen zu können, sondern ein Handeln in anderer Qualität erforderlich sein würde, um
die Adressaten dazu zu veranlassen, die Existenz der Terrorzelle und die
Fähigkeiten und Position seiner Person anzuerkennen.

Dies wird auch belegt durch die Whatsappnachrichten, welche der Angeklagte am Abend des 10.03.2020 (s.o.), also unmittelbar vor der ersten
Nacht der Tatbegehung, an seinen Sohn [...] schickte. Der Angeklagte
spricht hier mit Bezug auf den Bund davon, angreifen zu müssen, weil
dies die beste Verteidigung sei und er keine andere Wahl habe, andernfalls werden „die mich ficken und das richtig". Die Kammer sieht hierin
einen Bezug zu der beschriebenen Ausgangssituation des Angeklagten
und dem Bewusstsein, nunmehr keine andere Möglichkeit zu haben, als
die Tat durchzuführen - welche der Angeklagte in seinen Nachrichten
stellvertretend als Angriff bezeichnet. Andernfalls - dies sieht sie Kammer
vor dem Hintergrund des Inhalts, dass dem Angeklagten sonst drohen
würde vom Bund „gefickt" zu werden - würden die Adressaten seiner
Schreiben durch ihre - wie der Angeklagte erwartete - weiterhin ausblei-
bende Reaktion seine Hoffnungen auf Anerkennung zunichtemachen.
Die Kammer geht davon aus, dass der Angeklagte hierbei und auch bei
der Tatbegehung in gewisser Weise getrieben 480 Die Kammer geht
davon aus, dass der Angeklagte hierbei und auch bei der Tatbegehung in
gewisser Weise getrieben von seinem eigenen Geltungsbedürfnis und seinem Streben nach Anerkennung gewesen ist, wenngleich - auch hiervon
ist die Kammer überzeugt - er bewusst alles andere der Verwirklichung
seines Ziels - der Verifizierung der Terrorzelle und damit auch der Auf-
rechterhaltung der Bedeutung der eigenen Person - unterordnete und
bei entsprechender Reflektion auch zu einem anderen Handeln in der
Lage gewesen wäre. Dies steht im Einklang mit den Ausführungen des
Sachverständigen Prof. Dr. [...] hinsichtlich des beim Angeklagten vorherrschenden Fokus auf eine unmittelbare Bedürfnisbefriedigung in Verbindung mit der ebenfalls von dem Sachverständigen dargelegten besonderen Rücksichtslosigkeit anderer Menschen gegenüber, verknüpft mit
einem hohen Maß an Verantwortungslosigkeit (s.o.) sowie den Ausführungen des Sachverständigen hinsichtlich einer Abgrenzung zu zwanghaf-
tem Verhalten. Hierzu führte er aus, dass die Persönlichkeitskonstitution
des Angeklagten nicht so sei, dass er nicht anders entscheiden könne, es
handele sich nicht um ein zwanghaftes Handeln des Angeklagten, welches ihm keinen Handlungsspielraum mehr eröffne. Es habe keinen
Anhaltspunkt dafür gegeben, dass der Angeklagte sich im Falle einer
Auseinandersetzung mit seinem Handeln nicht hätte korrigieren können.
Es sei vielmehr so, dass das Vorgehen des Angeklagten einem sehr
eingefahrenen Verhaltensmuster entspreche.

b.
Die Kammer ist überzeugt davon, dass dem Angeklagten - der nach
den überzeugenden Ausführungen des Sachverständigen Dr. [...] nicht
an einer Minderbegabung, einer Psychose aus dem schizophrenen oder
affektiven Formenkreis oder einer hirnorganischen Störung leide - die
Gefährlichkeit seines Handelns und die wahrscheinlichen Konsequenzen
der von ihm bis zum 14.03.2020 durchgeführten Manipulation - nämlich der Tötung einer unbestimmten Vielzahl von Menschen durch eine
Entgleisung - bewusst waren. Nichts Anderes kann sich bei lebensnaher
Betrachtung ergeben, wenn über einen Abschnitt von 83 Metern Schienenbefestigungen gelöst werden und diese Stelle täglich - wie der Angeklagte spätestens durch seine Recherchen nach den Zugfahrzeiten (s.o.)
wusste - von einer Vielzahl von Hochgeschwindigkeitszügen, besetzt mit
einer unbestimmten Vielzahl von Passagieren befahren werden.
Hiermit im Einklang steht auch die tatsächliche Gefährlichkeit einer sich
verwirklichenden Entgleisung, bei welcher mit einer Vielzahl von Todes-
opfern zu rechnen gewesen wäre. Die Feststellungen hierzu beruhen auf
den umfassenden und nachvollziehbaren Ausführungen des Sachverständigen [...], welchen sich die Kammer aus eigener Überzeugungsbildung
anschließt.

Der Sachverständige führte aus, dass die Folgen einer Entgleisung immer
unabsehbar seien. Dies ergebe sich daraus, dass Beschädigungen an der
Gleisanlage immer auch eine Rückwirkung auf die Teile des Zuges selbst
haben, so dass infolge dessen Bauteile des Zuges versagen können, was
jedoch nicht kalkulierbar sei. Schienenfahrzeuge seien so ausgelegt, dass
die Festigkeit der Komponenten für bestimmte Szenarien gedacht seien,
wo jedoch berücksichtigt sei, dass die Spurführung so bleibe, also weiter
bestehe. Darüber hinausgehende extreme Belastungen seien in ihren
Folgen nicht abschätzbar. Mit zunehmender Fahrgeschwindigkeit steige
jedoch die Wahrscheinlichkeit eines katastrophalen Ausgangs. Bei einer
Entgleisung mit Tempo 300 km/h sei sowohl ohne als auch mit Beteiligung von Gegenverkehr durch die wirkenden Kräfte ein katastrophaler
Ausgang mit einer Vielzahl von Toten nicht ausgeschlossen, er sei sogar
wahrscheinlich. Begünstigt werde dies durch die örtlichen Gegebenheiten des dem Manipulationsort nachfolgenden Streckenabschnittes, wie
Dammlage, Straßen- bzw. Gleisüberführungen und die nahegelegene
Tunneleinfahrt.

Dass der Angeklagte - zutreffend, wie sich aus den Ausführungen des
Sachverständigen Prof. Dr. [...] ergibt - davon ausging, dass die durch-
geführte Schienenmanipulation ohne weiteres zur Entgleisung eines
überfahrenden Zuges führen würde und es hierfür auch keines weiteren
Handelns seinerseits bedurfte, wird darüber hinaus belegt durch das
Schreiben, welches er am 15.03.2020 um 13:04 Uhr - mithin nach Been-
digung seiner Tätigkeit am Gleis - mit der Telekom Mail App an die E-Mail
Adresse „Infopost@bundesregierung.de" versandte. Die Feststellungen

hierzu beruhen auf der entsprechenden E-Mail, welche im Selbstleseverfahren eingeführt wurde. Dass es der Angeklagte gewesen ist, der diese verfasst hat, ergibt sich aus dem Absender „[...]@t-online.de".
Er beschrieb hierin unter anderem, dass er davon ausgehe, dass sich die Situation am tatgegenständlichen Gleis schleichend, wie er annehme, zu einer Entgleisung des ICE entwickele sowie, dass der Zug früher oder später die Gleise verdrängen und entgleisen werde. Hieraus ergibt sich auch, dass der Angeklagte wusste, wie sich die Schiene nach der Manipulation physikalisch verhalten werden, mithin, dass es zu einer schleichenden Erweiterung kommen würde sowie, dass es nicht zu einer Entgleisung des ersten die manipulierte Strecke befahrenden Zuges kommen würde. Dies steht auch im Einklang mit den Bekundungen des Zeugen [...], der angab, der Angeklagte habe ihm gegenüber im Rahmen eines am 20.03.2020 geführten Gesprächs von einem durch ihn vereitelten Anschlag berichtet und in diesem Zusammenhang gesagt, dass die Schienen durch die Masse bzw. das Eigengewicht des Zuges gehalten hätten. Insoweit war dem Hilfsbeweisantrag der Verteidigerin vom 22.03.2020, welcher für den Fall gestellt wurde, dass die Kammer davon ausgeht, dass der Angeklagte die Manipulation vornahm und er zumindest billigend in Kauf nahm, dass die vorgenommenen Manipulationen bereits zur Entgleisung des ersten Zuges führen könnten, nicht nachzugehen. Die Verteidigerin beantragte, die E-Mail vom 15.03.2020 an „infopost@bundesregierung.de" zu verlesen und in Augenschein zu nehmen, dies zum Beweis der Tatsache, dass der Angeklagte davon ausging, dass sich die Manipulation nur schleichend zu einer Entgleisung eines ICE entwickelt. In Anbetracht, dessen, dass die Kammer zu der Überzeugung gelangte, dass der Angeklagte wusste, dass es nicht zu einer Entgleisung des ersten die manipulierte Strecke überfahrenden Zuges kommen würde, geht sie auch nicht davon aus, dass er eine Entgleisung bereits des ersten Zuges billigend in Kauf genommen hat. Darüber hinaus war die bezeichnete E-Mail Gegenstand des Selbstleseverfahrens, so dass sie ihrem Inhalt nach bereits eingeführt wurde, mithin auch unter dem Gesichtspunkt der Aufklärungspflicht dem Antrag nicht nachzugehen war. Einen Anspruch auf Wiederholung der bereits erfolgten Beweiserhebung gibt es nicht. Mangels Fähigkeiten und Kenntnisse des Angeklagten zur genauen Berechnung und der Unabsehbarkeit verschiedener Faktoren wie beispielsweise dem Zustand der überfahrenden Züge, der Schienen oder der konkreten Geschwindigkeit, mit der ein ICE die Stelle überfährt, konnte der Angeklagte jedoch nicht wissen, beim wievielten Zug eine Entgleisung eingetreten wäre und wie genau sich ein entgleisender Zug verhalten hätte - es sind keinerlei Anhaltspunkte dafür ersichtlich, dass der Angeklagte ausschließen konnte, dass es zu einem katastrophalen Verlauf im Zuge einer Entgleisung kommen werde.

Für eine vom Angeklagten erkannte Gefährlichkeit der durch ihn geschaffenen Situation spricht auch die Motivation des Angeklagten, den von ihm zuvor beschriebenen drohenden Terroranschlag, bei welchem gemäß

der von ihm vor der Tatausführung verfassten Schreiben nach Menschen
sterben werden, zu inszenieren. Dies macht schon der Zielsetzung
nach eine immense Gefährlichkeit des Handelns notwendig, um das Geschehen authentisch wirken zu lassen.
Hierbei geht die Kammer aufgrund der Motivlage des Angeklagten zwar
nicht davon aus, dass es ihm darauf ankam, tatsächlich auch die Zuginsassen eines entgleisenden Zuges zu Tode zu bringen. Die Kammer
ist jedoch davon überzeugt, dass das Schicksal der Zuginsassen für den
rücksichtslos und nur an der eigenen Bedürfnisbefriedigung orientiert han-
delnden Angeklagten nur von untergeordneter Bedeutung war, er diesem
mithin gleichgültig gegenüberstand und sich auch mit einer Tötung der
Zuginsassen abfand, um sein für ihn vorrangiges Ziel, die Verifizierung
der Terrorzelle und hiermit den Gewinn eigener Anerkennung, erreichen
zu können.

Hiermit im Einklang stehend ergibt sich folglich auch die Feststellung der
Kammer dahingehend, dass der Angeklagte - in Anbetracht der Notwen-
digkeit einer Wiederherstellung der Befahrbarkeit der Strecke - wusste,
durch die Schienenmanipulation zu einem späteren Zeitpunkt eine Streckensperrung auszulösen, er jedoch auch dies seinen Interessen unterordnete, mithin in Kauf nahm. Die Feststellungen zur tatsächlich bis zum
21.03.2020 um 00:21 Uhr erfolgten Streckensperrung beruhen insbesondere auf den Bekundungen des in der Betriebszentrale der Bahn bei der
Notfallleitstelle als Teamleiter tätigen Zeugen [...].

c.
Die Feststellungen der Kammer hinsichtlich des Tatzeitraums beginnend
in der Nacht vom 10.03.2020 auf den 11.03.2020 und endend in der
Nacht vom 13.03.2020 bis 14.03.2020 ergeben sich daraus, dass der
Angeklagte sich vom 10.03.2020 bis zum 15.03.2020 in Niedernhausen
befunden hat, mithin nur in diesem Zeitraum die Gelegenheit hatte, die
tatgegenständliche Manipulation durchzuführen. Dass der Angeklagte die
Manipulationen nachts durchführte, ergibt sich für die Kammer zwanglos daraus, dass die Zeit der Betriebsruhe von 0 bis 4 Uhr in jeder Nacht,
deren Feststellung auf den Bekundungen der Zeugen [...] und PHM'in
[...] beruht, die einzige Zeit gewesen ist, in welcher der Angeklagte keine
Zugfahrten auf der Strecke zu erwarten hatte, mithin ungestört und mit
geringem Risiko für sich selbst die Gleismanipulation durchführen konnte.
Zu jeder anderen Zeit hätte sich der Angeklagte mit den Manipulationen
und der Gefahr einfahrender Züge in unmittelbare Lebensgefahr begeben
und hätte zudem auch jederzeit von Spaziergängern oder Zuginsassen
wahrgenommen werden können. Dies steht auch im Einklang mit den Recherchen des Angeklagten nach den Zugfahrzeiten auf der Strecke (s.o.)
sowie den Bekundungen der Zeugin [...], aus welchen sich ebenfalls eine
nächtliche Betätigung des Angeklagten ergibt.
Die Zeugin [...] führte in glaubhafter Weise aus, dass der Angeklagte im
Rahmen des mit ihr geführten Gesprächs im Hotel Engel am Abend des

14.03.2020 davon erzählt habe, im Bereich der IT tätig zu sein und im Gewerbegebiet Eppstein West Bremthal ein Unternehmen zu betreuen, für das er immer nachts ein Netzwerk einrichte, aus diesem Grund arbeite er zur Zeit immer in der Nacht.

Zudem habe gegen 22 oder 23 Uhr der Handywecker des Angeklagten geklingelt, was er damit erklärt habe, eigentlich zur Arbeit zu müssen. Hieraus ergibt sich, dass der Angeklagte während seiner Zeit in Niedernhausen einer nächtlichen Aktivität nachging, bei welcher es sich zur Überzeugung der Kammer um die Begehung der Tat handelte. Dies gilt auch vor dem Hintergrund, dass er seine nächtliche Arbeit mit einer anderweitigen, beruflichen Tätigkeit erklärte, welcher er jedoch tatsächlich nicht nachging. Womöglich versuchte er hierdurch einer möglicherweise entstehenden Verwunderung über nächtliche Abwesenheiten vorzubeugen, zumal dieses Gespräch, wie sich aus der Aussage der Zeugen [...], den Betreibern des Hotels in welchem der Angeklagte wohnte, ergibt, auch von diesen mitverfolgt wurde. Das Klingeln des Weckers gegen 22 oder 23 Uhr steht darüber hinaus, auch in Ansehung des kurzen Anfahrtswegs von Niedernhausen aus zum Tatort, im Einklang mit einem Vorgehen des Angeklagten in den Zeiten der Betriebsruhe, welche um 0 Uhr beginnt.

Dass der Angeklagte die letztendlich durchgeführte Schienenmanipulation etappenweise, mithin in mehreren Nächten ausführte, ergibt sich zur Überzeugung der Kammer schon aus der Intensität der Manipulation verbunden mit dem jeweils nur vierstündigen Intervall der Betriebsruhe, welches dem Angeklagten pro Nacht zur Verfügung stand.
Die Feststellungen hinsichtlich dem Ausmaß und der Lage der Schienenmanipulation beruhen insbesondere auf den Bekundungen der Zeugin KK'in [...], welche keine Anhaltspunkte für Zweifel erkennen lassen.
Wie sich aus den Bekundungen der Zeugin KK´in [...] ergibt, welche mit der Spurensicherung insbesondere des von der Spurensicherung als „Spurenbereich 1" bezeichneten Bereichs befasst war, welcher den Bereich der Schienenmanipulation umfasst, hatte der Angeklagte auf einem Abschnitt von insgesamt circa 83 Metern die Schienenbefestigungen an 127 Betonschwellen vollständig gelöst. Die Manipulationen der Schiene haben das Gleis der ICE-Strecke von Köln in Richtung Frankfurt betroffen, hier in Fahrtrichtung die bogeninnere, rechte Schiene. Die Manipulation habe in Fahrtrichtung in Höhe des Oberleitungsmastes mit der Aufschrift des Streckenkilometers 143 und der Mastnummer 32 begonnen. Als Startschwelle für die Beschreibung der Manipulationen habe die Spurensicherung die Betonschwelle in Höhe dieses Mastes als Betonschwelle Nummer 01 bezeichnet. Die erste Manipulation sei in Fahrtrichtung sodann an der dritten Betonschwelle erfolgt. Die Befestigung der Schiene an der Schwelle erfolge beidseitig jeweils mittels drei Elementen pro Seite, der Winkelführungsplatte, der Schwellenschraube und der Spannklemme - was sich im Übrigen auch aus den Ausführungen des

Sachverständigen Prof. Dr.-Ing. [...] zum Aufbau der Gleise sowie den
Bekundungen des Zeugen KHK [...] und der Inaugenscheinnahme des
Tatortbefundberichts vom 25.03.2020, hier insbesondere dem Bild Num-
mer 007 ergibt.

Die gelösten Teile wurden nicht zusammenhängend aufgefunden, sondern zerlegt und im Schotterbett bzw. dem angrenzenden Grünstreifen
liegend (s.o.). Aus dieser Vielzahl an Einzelteilen (rechnerisch je 254
Spannklemmen, Schwellenschrauben und Winkelführungsplatten), die
sich aus der Vielzahl der manipulierten Betonschwellen ergibt, sowie
dem Umstand, dass die gelösten Teile voneinander getrennt und abseits
platziert wurden, mithin verschiedene Arbeitsschritte je Befestigungs-
element vollzogen wurden, folgt für die Kammer, dass der Angeklagte die
gesamte Manipulation etappenweise vorgenommen haben muss. Dass
der gesundheitlich angeschlagene Angeklagte (s.o.) welcher zur Überzeugung der Kammer trotz der generellen Fähigkeit zur Durchführung
der Manipulation hierfür länger gebraucht hat, als ein vollständig gesun-
der Mensch, die gesamte Strecke mithin nicht in nur einer Nacht manipuliert haben kann, hält die Kammer für naheliegend. Dies insbesondere
auch unter Berücksichtigung von Ermüdungserscheinungen sowie dem
Umstand, dass der Angeklagte trotz intensiver Recherchen das Lösen
der Befestigungselemente anfangs erst ausprobieren und verinnerlichen
musste. Hinzu kommt, dass es zur Tatzeit dunkel gewesen ist, was das
Arbeitstempo in Anbetracht der schlechteren Sichtbarkeit der einzelnen
zu lösenden Elemente ebenfalls - selbst falls der Angeklagte den Tatort
ausgeleuchtet haben sollte - verlangsamt haben dürfte und dass dem Angeklagten nur der Zeitabschnitt von vier Stunden während der Betriebsruhe zur Verfügung stand.

Die Kammer erachtet zudem den Umstand, dass die gelösten Teile von
den Gleisen weggelegt worden waren, als Hinweis darauf, dass eine früh-
zeitige Entdeckung beispielsweise durch Zugführer, welche diese hätten
wahrnehmen können, vermieden werden sollte. Dies erklärt sich bei
Annahme einer etappenweisen Ausführung vor dem Hintergrund, dass
der Angeklagte sichergehen musste, nicht vorzeitig durch eine tagsüber
erfolgende Entdeckung an einer weiteren Tatausführung gehindert zu
werden. Dass er die Teile auch an seinem letzten Tag der Manipulation
von den Gleisen weg gelegt haben muss, da sich dort keine mehr befanden, lässt sich vor dem Hintergrund der angenommenen Intention hierfür zwanglos mit der unvorhergesehenen und überstürzten Abreise am
15.03.2020 aus dem Hotel [...] mithin damit, dass der Angeklagte ursprünglich noch einmal an den Tatort zurückkehren wollte, erklären. Dies
ergibt sich auch aus den Bekundungen des Zeugen [...], der angab, der
Angeklagte habe ihm bei seiner Anreise am 13.03.2020 mitgeteilt, vier
oder fünf Nächte bleiben zu wollen, sowie aus der in Augenschein genommenen Rechnung des Hotels [...] vom 15.03.2020, die sich auf einen
gebuchten Aufenthalt des Angeklagten bis zum 18.03.2020 bezieht.

Dass der Angeklagte bereits in seiner ersten Nacht in Niedernhausen,
vom 10.03.2020 auf den 11.03.2020 tätig geworden ist, ergibt sich
zwanglos aus seinen am Abend 10.03.2020 durchgeführten Recherchen und getroffenen Vorkehrungen hinsichtlich eines Strafverteidigers,
dessen Daten er am Abend noch seinem Sohn mitteilte (so)., was dafürspricht, dass eine Tatbegehung unmittelbar bevorstand. Dies steht
auch im Einklang mit dem Inhalt der Nachricht, die er am Abend des
11.03.2020 an seinen Sohn versendete und welche zur Überzeugung der
Kammer suggeriert, dass der Angeklagte bereits einen gewissen Erfolg
bei seinem Vorhaben gehabt hat (s.o.), mithin davon auszugehen ist,
dass der Angeklagte in dieser Nacht zumindest einen Satz an Befestigungselementen gelöst hatte.

Wie viele Befestigungselemente der Angeklagte jeweils in dieser und den
weiteren ihm zur Verfügung stehenden Nächten löste, konnte die Kammer nicht feststellen, möglicherweise hat der Angeklagte in der ersten
Nacht nur probeweise einige wenige Schrauben gelöst, möglich ist jedoch
auch, dass dies bereits mehrere gewesen sind.
Dass der Angeklagte auch in den folgenden Nächten vom 11.03.202
auf den 12.03.2020, dem 12.03.2020 auf den 13.03.2020 sowie dem
13.03.2020 auf den 14.03.2020 Teile des Streckabschnitts manipulierte,
ergibt sich neben seiner Anwesenheit in Niedernhausen auch aus den
Recherchen nach Zugfahrzeiten auf dieser Strecke, welche diese Nächte
abdeckten, was nahelegt, dass er in diesen auch am Gleis tätig war.
Dass die letzte Nacht, in welcher der Angeklagte die Schienenmanipulation durchführte die Nacht vom 13.03.2020 auf den 14.03.2020 gewesen
ist, ergibt sich zur Überzeugung der Kammer daraus, dass er am Vormittag des 15.03.2020 das Hotel Engel (s.o.) und mithin auch die Region
Niedernhausen verlassen hat. Letzteres ergibt sich aus den schlüssigen
Bekundungen des Zeugen KOK [...] zu den Hotelaufenthalten des Angeklagten (so). Er führte unter anderem aus, dass es am 15.03.2020 und
16.03.2020 Aufenthalte des Angeklagten in Bad Soden Salmünster gegeben habe, auch wenn dort kein Aufenthaltsort feststellbar gewesen ist.
Am 17.03.2020 habe es einen Parkverstoß des Angeklagten in Hamburg
gegeben, der Angeklagte befand sich mithin in der Folgezeit nicht mehr
in der Gegend um Niedernhausen. Auch die von ihm abgegebenen Mitteilungen am 15.03.2020 (s.o.) hinsichtlich einer Gleismanipulation
lassen auf ein Ende der Ausführung schließen. Dass der Angeklagte in
der Nacht vom 14.03.2020 auf den 15.03.2020 die Tatörtlichkeit nicht
mehr aufsuchte ergibt sich zur Überzeugung der Kammer aus den Bekundungen der Zeugin [...] und der Aussage des verstorbenen Zeugen
[...] in seiner Vernehmung vom 26.03.2020, deren Protokoll in der
Hauptverhandlung gemäß § 251 StPO verlesen wurde, zum Verlauf des
Abends des 14.03.2020. Diese gab an, dass sich die Gesprächsrunde mit
dem Angeklagten im Hotel Engel gegen 1:30 Uhr oder 2:30 Uhr aufgelöst
habe, an die Uhrzeit könne sie sich nicht mehr genau erinnern, sie gehe
eher von 1:30 Uhr aus, es könne aber auch sein, dass es später, so circa

2:30 Uhr, gewesen sei. Sie selbst sei mit ihrem Kollegen bis circa halb
sechs in dem Hotel gewesen. Bis dahin sei von ihnen allen - auch von
dem Angeklagten - Alkohol konsumiert worden. Sie habe den Angeklagten dann gefragt, ob er nun noch arbeiten gehe, und fragend angemerkt,
dass er ja nicht mehr selbst fahren würde. Hierauf habe der Angeklagte
entgegnet, dass er wahrscheinlich schon arbeiten gehe, sich jedoch ein
Taxi nehmen oder von einem Kollegen abholen lassen würde.

Der [...] - dessen polizeiliche Aussage im allseitigen Einvernehmen verlesen wurde - bekundete, dass die Gesprächsrunde bis circa 2:00 Uhr
oder 3:00 Uhr morgens ging, die Zeugin [...] und ihr Begleiter seien nach
oben gegangen, er selbst habe dann auch nur noch sein Bier weggezo-
gen und sei nach Hause. Da sei der Angeklagte - der Zeuge erkannte den
Angeklagten im Rahmen einer Wahllichtbildvorlage, die im Rahmen der
Vernehmung durchgeführt wurde, mit 100 % Sicherheit als den [...] aus
dem Hotel Engel wieder - die Treppe hoch gegangen, Richtung Zimmer.
Ob er wirklich aufs Zimmer gegangen sei, wisse er jedoch nicht.
Trotz der Äußerung des Angeklagten gegenüber der Zeugin [...], wahrscheinlich noch arbeiten zu gehen, geht die Kammer nicht davon aus,
dass er den Tatort in dieser Nacht noch einmal aufsuchte. Dies ergibt
sich insbesondere vor dem Hintergrund, dass sich die Gesprächsrunde im
Hotel Engel erst am frühen Morgen des 15.03.2020 auflöste. Die Kammer
geht in Ansehung der Aussagen der Zeugen [...] und [...], die hinsichtlich
eines Zeitpunktes zwischen 2:00 Uhr und 3:00 Uhr als Zeitpunkt der Auf-
lösung der Gesprächsrunde übereinstimmen, und in Anbetracht dessen,
dass die Zeugin [...] angab, sich bei der Zeit nicht ganz sicher gewesen zu sein, davon aus, dass das Gespräch um circa 2:30 Uhr beendet
wurde. Zu dieser Zeit war die Betriebsruhe schon zu mehr als der Hälfte
angebrochen, es war mithin zeitlich nur noch ein deutlich verkürzter Zeitraum zum Manipulieren der Gleise von circa 1,5 Stunden vorhanden und
der Angeklagte hätte sich erst mit seinem Werkzeug und seinem Fahrzeug zum Tatort begeben müssen. Darüber hinaus war der Angeklagte
nach den Angaben der Zeugin [...] alkoholisiert, was ebenfalls dagegen-
spricht, dass er körperlich in der Lage gewesen ist, mit seinem Fahrzeug
zum Tatort zu fahren und dort Schienenbefestigungen zu lösen, zumal
davon auszugehen ist, dass dies eine gewisse Koordination erfordert.
Davon, dass der Angeklagte, die er gegenüber der Zeugin [...] angegeben hat, ein Taxi nahm oder von jemandem abgeholt wurde, geht die
Kammer nicht aus. Die Kammer erachtet es als fernliegend, dass der
Angeklagte sich - mitsamt des von ihm benötigten Werkzeugs - zum Tatort fahren ließ, Anhaltspunkte für eine dritte Person, entsprechend seiner
Schilderung von einem Kollegen, bestehen nicht. Dies steht zudem im
Einklang mit der glaubhaften Bekundung des Zeugen [...], der nach Auf-
lösung der Gesprächsrunde beobachtete, wie sich der Angeklagte nach
oben in Richtung der Zimmer des Hotels begab.
Dass der Angeklagte auch am oder nach dem 15.03.2020 den Tatort
nicht mehr aufsuchte, um dort Manipulationen durchzuführen, ergibt sich

daraus, dass er am Vormittag des 15.03.2020 aus dem Hotel [...] flüch-
tete, nachdem er aufgefordert wurde, seine Hotelrechnung zu bezahlen.
Die Feststellungen hierzu beruhen auf den übereinstimmenden Bekundungen der Zeugen [...]. Die Feststellungen zu den vom Angeklagten im
Hotelzimmer zurückgelassenen Gegenständen beruhen auf den Bekundungen der Zeugin [...] sowie der Inaugenscheinnahme der von POK [...]
unter dem 20.03.2020 gefertigten Lichtbildmappe zu dem Zimmer des
Angeklagten im Hotel [...].

Dass der Angeklagte sich sodann auch gänzlich aus Niedernhausen entfernte, ergibt sich aus den weiteren Bekundungen des Zeugen KOK [...]
(s.o.) zu den Aufenthalten des Angeklagten. Dieser bekundete, dass
es am 15.03.2020 und 16.03.2020 Einloggungen des Angeklagten in
Bad Soden Salmünster gegeben habe, mithin Anhaltspunkte für dessen
Anwesenheit dort. Vom 17.03.2020 bis 19.03.2020 habe sich der Angeklagte im Hotel [...] in Malente befunden und als ein Mitarbeiter von SAP
ausgegeben. Insoweit war dem Hilfsbeweisantrag der Verteidigerin vom
22.03.2021, gestellt für den Fall, dass die Kammer davon ausgeht, dass
der Angeklagte in der Nacht vom 14.03.2021 auf den 15.03.2021 am
Tatort war und etwaige Manipulationen vorgenommen habe, gerichtet auf
die Telekommunikationsdaten und Funkzellenauswertung auf den Seiten
187 PDF des Sonderbandes Auswertung Mobilfunkdaten und 569 der
Hauptakte zu verlesen und in Augenschein zu nehmen, zum Beweis der
Tatsache, dass sich der Angeklagte am 14.03.2020 auf den 15.03.2020
zwischen 02.00 Uhr und 08:00 Uhr im Hotel [...] durchgehend aufgehalten hat, nicht nachzugehen, da die Kammer davon ausgeht, dass der
Angeklagte sich in der bezeichneten Nacht nicht zum Tatort begeben hat.

d.
Die Feststellungen hinsichtlich des Gleisaufbaus im tatgegenständlichen
Streckenabschnitt und hinsichtlich der physikalischen Auswirkungen sowie der tatsächlichen Gefährlichkeit der vom Angeklagten durchgeführten
Schienenmanipulation im Hinblick auf eine Entgleisung beruhen auf den
nachvollziehbaren und anschaulichen Ausführungen des Sachverständigen Prof. Dr.-Ing. [...], denen sich die Kammer unter eigener Überzeugungsbildung vollumfänglich anschließt, ergänzt durch die Ergebnisse der
Spurensicherung am Tatort, zu deren Ergebnissen die Zeugin KK'in [...]
nachvollziehbare und schlüssige Ausführungen machte, sowie dem in
Augenschein genommenen Schaubild zum Gleisaufbau der Bauart „Walter-Heilit" auf Blatt 163 des Sonderbandes GA Entgleisung.
Der Sachverständige Prof. Dr.-Ing. [...] legte dar, dass es aufgrund der
konischen Beschaffenheit der Radsätze im Eisenbahnverkehr normalerweise nicht zu einem horizontalen Anlaufen der Räder und deshalb auch
nicht zu hohen Horizontalkräften im Schienenkopf komme. Er habe im
Rahmen von Simulationen mit einem Mehrkörpersimulationsmodell zunächst ein reales Gleis mit üblichen Gleislageabweichungen von weniger
als zwei bis drei mm in horizontaler Richtung abgebildet. Das modellierte

Gleis habe die am Tatort gegebenen Streckenparameter aufgewiesen, mithin einen Radius von 6.300 m bei einer eingebauten Überhöhung von 100mm. Das Modell habe aus einem Fahrweg mit realen Gleislageabweichungen, der originalgetreuen Schienenbefestigung „System 300" und den Schienen vom Typ 60E2 im Neuzustand bestanden. Die Schienenneigung sei mit 1:40 modelliert worden. Die Spurweite habe zunächst der bei festen Fahrbahnen üblichen Spurweite von 1.436mm entsprochen. In der Simulation habe nun ein ICE 3 dieses Gleis mit einer Geschwindigkeit von 300 km/h befahren. Hierzu werde der Zug als virtuelles Fahrzeug mit den realen Feder- und Dämpfereigenschaften abgebildet. Entscheidend für die Simulation seien die geometrischen Eigenschaften am Rad-Schiene-Berührpunkt sowie das Laufverhalten der Achsen im Drehgestell. In der Simulation sei ersichtlich, dass das Fahrzeug sich eher zur Bogenaußenseite, vorliegend also nach links hin, bewege. Dies könne durch die Fliehkraft begründet werden. Durch den konischen Radsatzlauf stoße jedoch im Regelfall der Spurkranz des Rades nicht gegen den Schienenkopf, so dass die Horizontalkräfte bei ordnungsgemäßer Spurweite sowohl bogeninnen- als auch bogenaußenseitig sehr gering seien. Nach Feststellung der Manipulationen am Gleis seien durch einen Mitarbeiter der Deutschen Bahn AG mit einem Spurweiten- und Überhöhungsmessgerät die Spurweiten im maßgeblichen Bereich gemessen worden. Im nicht manipulierten Bereich habe die Spurweite den üblichen 1.436mm entsprochen. In Fahrtrichtung habe sich ab Beginn der Manipulation in den folgenden 25 Metern die Spurweite durch die verschobene bogeninnere Schiene bis zu einem Maximalwert von 1.495mm vergrößert. Von dieser Position an habe sich die Spurweite wieder bis zum Ausgangswert von 1.436mm nach circa 83m verkleinert. Dies steht im Einklang mit den Bekundungen der mit der Spurensicherung auf dem tatgegenständlichen Streckenabschnitt befassten Zeugin KK'in [...], welche identische Ausführungen hinsichtlich der Ergebnisse der Spurweitenmessung machte.

Entsprechend dieser Werte habe der Sachverständige die Simulation sodann wiederholt. Hierbei sei ersichtlich gewesen, dass sich bei beiden Rädern eine Spurkranzlücke eingestellt habe. Da die in Fahrtrichtung rechte, also die bogeninnere Schiene manipuliert worden sei, habe sich zunächst die Lücke zwischen Spurkranz und rechtem Rad geöffnet. Durch den konischen Radsatzlauf bewege sich folglich die Achse zur rechten Seite hin und bewege sich wegen der sinusförmigen Bewegung anschließend wieder zurück. Im Laufe der Befahrung des 83m langen Abschnitts haben sich im Einfahrbereich zum regulären Gleis durch den ersten Radsatz laterale Schläge am Schienenkopf ergeben, die jedoch durch die dann wieder vorhandene Fixierung der Schiene auf Basis der vorhandenen Schienenbefestigung gut aufgenommen werden konnten. Zu einer Entgleisung komme es bei diesen Spurweiten jedoch nicht.
Dies steht im Einklang mit den glaubhaften Bekundungen der Zeugen [...], die jeweils als Triebfahrzeugführer eines die manipulierte Strecke

überfahrenden ICE am 20.03.2020 unmittelbar vor der Streckensperrung
von der Wahrnehmung seitlicher Schläge berichteten, eine Entgleisung
der Züge erfolgte jedoch nicht. Auch die übrigen Feststellungen zur
Wahrnehmung der Auswirkungen auf die überfahrenden Züge, die Meldung der Vorkommnisse, sowie zu den im Folgenden getroffenen Maßnahmen durch die Fahrdienstleitung bis hin zu Sperrung der Strecke,
beruhen auf deren Aussagen, sowie den Bekundungen der Zeugen [...],
der an diesem Tag als Notfallmanager der Bahn im Bezirk Frankfurt tätig
gewesen ist, an denen sich keine Anhaltspunkte für Zweifel ergaben.
Ob der die manipulierte Strecke überfahrende Zug ICE 101 mit 180
km/h, wie der Auftrag gemäß der Bekundung des Zeugen [...] gelautet
hatte, oder aber mit 190 km/h, wie es die Zeugen [...] bekundeten, pas-
sierte, konnte nicht festgestellt werden, fest steht jedoch, dass es eine in
diesem Rahmen liegende verringerte Geschwindigkeit gewesen ist.
Dass vor den Wahrnehmungen der Triebfahrzeugführer keinerlei Hinweise, weder für das Zugpersonal, noch die Passagiere, gegeben hatte, die
auf eine drohende Manipulation von Gleisanlagen auf der Strecke hindeu-
teten, diese mithin völlig ahnungslos gewesen sind, ergibt sich aus den
Bekundungen des Zeugen [...], welcher in der Betriebszentrale der Bahn
AG als Teamleiter der Notfalleitstelle tätig ist. Er gab an, dass in der Betriebszentrale alle Informationen zusammenlaufen, die im gesamten Netz
der Bahn AG für die Region Mitte anfallen. Wenn es Meldungen gebe, die
Störungen des Bahnbetriebs nahelegen, dann laufen die Informationen
bei seinen Mitarbeitern im Bereich der Notfallleitstelle zusammen zur Abwicklung weiterer Alarmierung im Rahmen des Notfallmanagements.
Vor den Wahrnehmungen der Zugführer am 20.03.2020 habe es keine
Hinweise auf Vorkommnisse an dieser Strecke in Gestalt einer drohenden
Manipulation der Gleise gegeben. In seiner Zuständigkeit habe es keine
entsprechenden Informationen gegeben, dass man irgendwo genauer
hinschauen müsse.

Die Feststellung, dass es - neben dem mehrköpfigen Zugpersonal - Zugpassagiere gegeben hat, deren genaue Anzahl jedoch nicht bestimmt
werden kann, beruht auf den entsprechenden Bekundungen des Zeugen
[...] in Verbindung mit der Inaugenscheinnahme einer Übersicht der DB
Fernverkehr AG auf ein Auskunftsersuchen der Bundespolizei hin, bezüglich der Auslastung der am 19.03.2020 und 20.03.2020 auf der Strecke
Köln-Frankfurt fahrenden Züge (Bl. 61 Sonderband GA Entgleisung),
welche in jedem dargestellten Zug eine Mehrzahl von Buchungen zeigte,
woraus die Kammer schließt, dass sich in jedem der Züge einschließlich
des Zugpersonals eine Mehrzahl von Personen befunden hat, was der
Angeklagte auch wusste, wenngleich ihm die Identität der Insassen nicht
bekannt sein konnte. Hierbei hat sie nicht außer Acht gelassen, dass
es grundsätzlich denkbar ist, dass Reisende in Anbetracht des Lock-
downs infolge der Covid-19 Pandemie, soweit sich dies nicht schon in
den Buchungszahlen niedergeschlagen hat, ihre Zugreise trotz Buchung
nicht angetreten haben. Dass einer der Züge leer gewesen ist, schließt

die Kammer - auch vor dem Hintergrund der Anwesenheit mehrköpfigen Zugpersonals - aus. Gestützt wird dies auch durch die Bekundung des Zeugen [...], der bekundete, in dem von ihm geführten ICE, welcher am 20.03.2020 die manipulierte Strecke überfahren habe, seien nach Rücksprache mit seinen Kollegen, dem Zugpersonal, schätzungsweise 40 bis 50 Passagiere gewesen.

Der Sachverständige Prof. Dr.-Ing. [...] führte zur Frage, wann eine Entgleisung eingetreten wäre weiter aus, dass im Rahmen mehrerer Iterationsschritte mit den identischen Simulationsrechengängen bei einer Spurweite von 1.523mm eine Entgleisung herbeigeführt werden konnte. Hierbei sei im Rahmen der Simulation am Extremwert von bislang 1.495mm die Spurweite bis zum Wert von 1.523mm gesteigert worden. Unter idealen Bedingungen trete hier erstmalig eine Entgleisung auf. Ideale Bedingungen bezeichne Schienen, die keinen Verschleiß aufweisen und Radprofile, welche dem Neuzustand identisch seien. Bei entsprechenden Verschleißerscheinungen, die sich noch immer im fahrtüchtigen Bereich bewegen würden, trete eine Entgleisung schon bei entsprechend geringerer Spurweite auf. Zur Verifikation der Ergebnisse sei noch eine Simulation mit einer fiktiven Spurweite von maximal 1.507mm an der extremsten Stelle durchgeführt worden, welche willkürlich im Bereich zwischen 1.523mm und 1.495mm gewählt worden sei. Hier sei eine Entgleisung noch nicht aufgetreten.
Hinsichtlich der Frage, wie viele Züge mithin den manipulierten Abschnitt nach Feststellung der Manipulation noch hätten befahren können, bevor eine Entgleisung eingetreten wäre, führte der Sachverständige aus, dass derartige Aussagen generell mit einer deutlichen Unsicherheit belegt seien, da reale Gleise mit vielen Parametern behaftet seien, die sich nicht unmittelbar abbilden lassen. Hierzu seien exakte Parameter am Gleis aber auch Parameter an den Fahrzeugen zu zählen. Insbesondere letztere fallen mitunter sehr unterschiedlich aus, da verschiedene Züge mit unterschiedlichen Wartungszuständen einen derartigen Streckenabschnitt befahren.

Nach der Manipulation sei die Schiene in lateraler Richtung nur noch durch Reibung gehalten worden. Dieser Anteil sei jedoch nicht zu vernachlässigen, da sich die aufnehmbare Kraft in horizontaler Richtung durch das Gewicht des Zuges entsprechend dem Reibungswert als sehr hoch ergebe. Theoretisch könne ein Gleis ohne seitliche Fixierung der Schiene bei Idealzustand von Gleis und Fahrzeugen sehr lange befahren werden. In der Realität gebe es jedoch Abweichungen bei den Fahrzeugen (Laufeigenschaften der Räder) sowie auch am Gleis. Dies führe bei mehrmaligen Befahrungen zu gewissen Lateralkräften, die wiederum laterale irreversible Bewegungen der Schiene verursachen. Ausgehend von 400 Zügen, die zum Zeitpunkt der Feststellung der Manipulationen das Gleis im manipulierten Zustand befahren haben, habe sich durch eine Berechnung ergeben, dass bei einer Spurweite von 1.514mm eine

weitere Überfahrt eine plastische Verformung bis zu einer Spurweite von
1.523mm herbeigeführt und mithin eine Entgleisung ausgelöst hätte.
Hierbei sei zu beachten, dass bei geringen Spurweiteänderungen eigentlich keine, oder nur sehr geringe plastische, irreversible Verformungen
an der bogeninneren Schiene entstehen. Mit zunehmender Spurweite
würden jedoch die Horizontalkräfte mit jeder Überfahrt exponentiell
zunehmen und letztendlich sehr schnell zu signifikanten Spurweitenver-
größerungen führen. Aus den Berechnungen unter diversen Annahmen
ergäben sich theoretisch ermittelte 14 noch mögliche Zugfahrten. Es
sei jedoch zu berücksichtigen, dass sich bei diesem Wert je nach Be-
rechnungsmethode eine gewisse Streubreite ergebe, so komme man
bei einer Betrachtung der Lateralkräfte mit exponentieller Zunahme der
plastischen Schienenbewegung - anders als bei der lateralen Verschie-
bungsberechnung - statt auf 14, auf 57 Züge, die die Stelle noch hätten
überfahren können. Auf Basis dieser Rechenergebnisse und in Verbindung mit einer Plausibilitätsbetrachtung vermute der Sachverständige
daher, dass ein derart manipuliertes Gleis noch mit 5 bis 30 Zügen mit
einer Geschwindigkeit von 300 km/h hätte befahren werden können, bis
es zu einer Entgleisung gekommen wäre. Vor diesem Hintergrund geht
die Kammer auch davon aus, dass für den ersten, die vollständige Manipulation überfahrenden Zug keine Entgleisungsgefahr bestand.

e.
Die Feststellungen, dass der Angeklagte im Rahmen seines Anrufs bei
der Bundespolizei nach der Weiterleitung an den Zeugen PK [...] von
diesem nicht ernst genommen wurde, dies auch erkannte und davon
ausging, keine weiteren Maßnahmen hierdurch veranlasst zu haben,
beruht auf den Bekundungen des Zeugen PK [...], des Zeugen KOK [...]
sowie dem Inhalt der im Selbstleseverfahren eingeführten Seiten 1 und 2
des Schreibens des Angeklagten an das Bayerische LKA, datiert auf den
17.03.2020.

Der Zeuge PK [...] bekundete, dass er die Schilderungen des Angeklagten in dem mit ihm geführten Telefongespräch am 15.03.2020 nicht ernst
genommen und infolge dessen auch keine weiteren Maßnahmen veranlasst habe. Dies sei daraus resultiert, dass das Vorbringen des Angeklagten in seiner Gesamtheit wirr und zusammenhanglos gewirkt habe.
Zudem habe der Angeklagte auf die Rückfragen des Zeugen nicht ant-
worten können. Der Angeklagte habe beispielsweise keine Angaben dazu
machen können, wie das Kennzeichen des Fahrzeugs laute, welchem er
behauptete hinterherzufahren oder dazu, in welchem Fahrzeug und in
wessen Begleitung er sich selbst befinde. Der Angeklagte habe nicht
einmal die einfachsten Fragen, die der Zeuge gestellt habe, um den
Sachverhalt zu verifizieren, beantworten können. In Anbetracht der
widersprüchlichen Angaben zu einer Terrorzelle und der unglaubhaften
Gesprächsführung habe der Zeuge den Anruf sodann auf sich beruhen
lassen. Er habe nach Beendigung des Gesprächs durch den Angeklagten

lediglich noch einmal die ihm vom Angeklagten mitgeteilte Rufnummer
zurückgerufen, dort aber niemanden erreicht. Er sei jedoch ohnehin davon ausgegangen, dass diese Telefonnummer nicht richtig sei. Dies habe
er als letztes Vorgehen gemacht, um noch einmal sicher zu gehen, dass
seine eigene Einschätzung der Schilderungen als unglaubhaft richtig sei,
weil es ungewöhnlich gewesen sei, dass das Gespräch durch den Anrufer
beendet wurde. Er erhalte in der Leitstelle täglich ganz viele Anrufe, die
nicht immer der Wahrheit entsprechen, dies reiche von Mitteilungen über
Koffer oder abgestellte Gepäckstücke, die eine Gefahr darstellen würden
bis hin zu Drohungen sich oder eine andere Person vor einen Zug zu wer-
fen. Es sei jeweils ein schmaler Grad zu differenzieren, was als glaubhaft
gewertet werde und was nicht. Aus diesem Grund stelle er Rückfragen
um zu versuchen einen Sachverhalt zu verifizieren. Dies sei im Falle des
Gesprächs mit dem Angeklagten nicht gelungen.
Der Zeuge bekundete weiter, dass seiner Einschätzung nach vor dem
Hintergrund seiner Nachfragen, dem Nachbohren und zweifelndem Verhalten auch bei dem Angeklagten der Eindruck habe entstehen müssen,
von ihm nicht ernst genommen zu werden. Dies habe der Angeklagte
auch entsprechend formuliert, als er im Gesprächsverlauf geäußert
habe „Sie glauben mir eh nicht".
Die Kammer erachtet diese Bekundungen des Zeugen PK [...] als glaubhaft. Er schilderte in sich zusammenhängend und schlüssig, dass und
warum er die Schilderungen des Angeklagten nicht ernst genommen hat
und erklärte hiermit, aus welchem Grund er keine weiteren Maßnahmen veranlasste. Seine gute Erinnerung an den Anruf führt der Zeuge
glaubhaft zurück auf den Umstand, dass sich dessen Inhalt aufgrund der
tatsächlichen Gefahr die bestanden habe, wie er im Nachhinein erfahren
habe, und der Tatsache, dass nur durch Glück nichts passiert sei, verfes-
tigt habe. Zudem sei ihm unabhängig davon die gesamte entsprechende
Tagesschicht noch gut in Erinnerung, da es hier die ersten Corona Fälle in
Frankfurt gegeben habe und sich sonst alles um diesen Themenbereich
gedreht habe. An die Äußerung des Angeklagten „Sie glauben mir eh
nicht" erinnerte sich der Zeuge noch ausdrücklich. Er schilderte diese zunächst im Rahmen seiner freien Erzählung von dem mit dem Angeklagten
geführten Gespräch und wiederholte die Bekundung in gleichem Wortlaut auf die Frage hin, ob er dem Angeklagten signalisiert hatte, ihn nicht
ernst zu nehmen. Auch diese Konstanz spricht für die Glaubhaftigkeit der
Aussage.
Darüber hinaus steht diese Äußerung des Angeklagten im Einklang mit
seiner Äußerung gegenüber dem Zeugen KOK [...] nach seiner Festnahme.

Die Feststellungen zur Festnahme des Angeklagten und insbesondere zu
dessen Äußerungen beruhen auf den in sich
schlüssigen und glaubhaften Bekundungen des Zeugen KOK [...] (so).
Dieser schilderte weiter, dass der Angeklagte ihm während der Autofahrt
nach seiner Festnahme davon berichtete, im Rahmen der Verfolgung

einer Terrorzelle, welche sich an Bahngleisen zu schaffen gemacht hatte,
eine Mitteilung an die Polizei gemacht zu haben, von der Polizei jedoch
nicht ernst genommen worden zu sein und deshalb die Observation
der Terroristen selbst weiter aufgenommen zu haben.
Aus diesen Äußerungen ergibt sich, dass der Angeklagte davon ausging, dass seinen Schilderungen in dem Anruf bei der Bundespolizei vom
15.03.2020 kein Glauben geschenkt wurde. Dass die Äußerungen des
Angeklagten gegenüber KOK [...] auf den Anruf vom 15.03.2020 bezie-
hen, ergibt sich neben dem Umstand, dass keine weiteren Anrufe bei der
Polizei im tatgegenständlichen Zusammenhang erkennbar sind, daraus,
dass der Zeuge KOK [...] ferner bekundete, der Angeklagte habe davon
berichtet, im Zuge dieses Anrufs zunächst über den Notruf bei der Polizei
in Koblenz gelandet zu sein, was den tatsächlichen Feststellungen hinsichtlich des Anrufs des Angeklagten vom 15.03.2020 entsprach (so).
Vor diesem Hintergrund war dem Hilfsbeweisantrag der Verteidigerin
vom 22.03.2020, welcher für den Fall gestellt wurde, dass die Kammer
davon ausgeht, dass der Angeklagte aus seiner Sicht nicht mehr das
Gefühl hatte, dass man seine Schilderungen für wahrhaftig halte, gerichtet auf die Verlesung bzw. Inaugenscheinnahme des Schreibens vom
17.03.2020, per Fax am 20.03.2020, zum Beweis der Tatsache, dass
der Angeklagte davon ausging, den Anschlag verhindert und somit aus
seiner Sicht alles Erforderliche getan zu haben, war nicht nachzugehen.
Ungeachtet dessen, dass der Antrag, soweit er sich auch auf eine Verlesung der Seiten 1 und 2 des Schreibens bezieht, auf eine Wiederholung
der Beweisaufnahme gerichtet ist, da der Inhalt des Schreibens insoweit
mittels des Selbstleseverfahrens eingeführt wurde, ist die zu beweisende
Tatsache aus tatsächlichen Gründen ohne Bedeutung, § 244 Abs. 3 S. 3
Nr. 2 StPO.

Die Kammer legt den Beweisantrag dahingehend aus, dass bewiesen
werden soll, dass der Angeklagte in dem Schreiben vom 17.03.2020 formulierte, sehr froh zu sein, den ersten Anschlag verhindert zu haben und
somit auch vielen Menschen anzunehmend das Leben gerettet zu haben,
damit hieraus der Schluss gezogen werden kann, dass er davon ausging,
„den Anschlag" (bzw. die Entgleisung) verhindert und somit aus seiner
Sicht alles Erforderliche getan zu haben.
Selbst wenn dies erwiesen wäre, könnte es die Entscheidung vor dem
Hintergrund des weiteren Beweisergebnisses nicht beeinflussen, da sich
hieraus nur mögliche, nicht jedoch zwingende Schlüsse ergeben und die
Kammer den möglichen Schluss nicht ziehen möchte.
Neben dem möglichen Schluss, auf eine Überzeugung des Angeklagten
dahingehend, „den Anschlag" verhindert und somit aus seiner Sicht alles
Erforderliche getan zu haben, ist auch ein Schluss dahingehend möglich,
dass der Angeklagte sich in diesem Schreiben lediglich seine Fantasie
bedienend äußerte und hieraus nicht dessen wahre Überzeugung bezogen auf die von ihm durchgeführte Schienenmanipulation deutlich wird.
Dies gilt insbesondere vor dem Hintergrund, dass bei einem Erwiesensein

feststünde, dass der Angeklagte äußerte, „einen Anschlag" verhindert
zu haben, dies mithin nahelegt, dass der Angeklagte mit dieser Äußerung
Bezug auf das von ihm erfundene Szenario nimmt.
Hieraus lässt sich mithin nicht zwingend auf dessen Überzeugung, die
durch seine eigene Gleismanipulation eingetretene Gefahr abgewen-
det zu haben und hierfür alles Erforderliche getan zu haben, schließen.
Dies ist zwar ein möglicher Schluss, welchen die Kammer jedoch nicht
ziehen will. Der Angeklagte konnte zwischen Realität und Fiktion - mithin zwischen einem erfundenen Anschlagszenario und der eigenen Tat
-differenzieren. Es ist daher ebenso gut möglich - und nach Überzeugung der Kammer vor dem Hintergrund des übrigen Beweisergebnisses
naheliegender - dass der Angeklagte, selbst wenn die Verhinderung
eines Anschlags beschrieb, dennoch, bezogen auf die realen Umstände
der eigenen Schienenmanipulation, gewusst zu haben, nicht alles Erforderliche zur Verhinderung einer Entgleisung getan zu haben. Dies
folgt schon aus dem Umstand, dass der Angeklagte zu keinem Zeitpunkt
davon ausgegangen ist, dass der im Rahmen seiner telefonischen Meldungen kontaktierte Beamte seine Schilderungen ernst genommen hat
und dementsprechend auch keinerlei Maßnahmen der Streckensperrung
oder Schadensbeseitigung bis zum 17.03.2020 eingeleitet worden waren.
Aufgrund der besonderen Gefährlichkeit der durchgeführten Gleismani-
pulationen konnte der Angeklagte auch damit rechnen, dass im Falle der
Entdeckung der Tat diese Informationen über Pressemeldungen
zeitnah publiziert worden wären. Mithin liegen keine belastbaren Anhaltspunkte dafür vor, dass die im Schreiben vom 17.03.2020 angedeutete
innere Überzeugung des Angeklagten auch tatsächlich seiner zu diesem
Zeitpunkt bestehenden Einsicht entsprach.
Etwas Anderes ergibt sich auch nicht vor dem Hintergrund der Aufklärungspflicht.

Dass der Angeklagte auch davon ausging, durch den Anruf keiner weiteren Maßnahmen veranlasst zu haben, ergibt sich neben dem Umstand,
dass dies schon aus dem Umstand folgt, dass er erkannte, nicht ernst
genommen worden zu sein, daraus, dass er gegenüber dem Zeugen KOK
[...] angab, die Observation der Terroristen selbst weiter aufgenommen
zu haben, da die Polizei ihm nicht geglaubt habe. Aus der Tatsache, dass
der Angeklagte es seiner Erzählung nach für Notwendig hielt, selbst weiter gegen die Terrorzelle tätig zu werden, ergibt sich, dass er nicht davon
ausging, dass infolge seines Anrufs weitere Maßnahmen in die Wege ge-
leitet werden.
Dies ergibt sich im Übrigen auch aus dem von ihm unter dem 17.03.2020
verfassten Schreiben, welches er an das Bayerische Landeskriminalamt
sendete.
Hierin formulierte der Angeklagte, dass er mit persönlichem Anruf bei
der Zentrale der Bundespolizei vor dem sich nunmehr verwirklichten Anschlag gewarnt hatte. Hier sei er dann weiter verbunden worden an einen
sehr schwer von Begriff zu scheinenden Mann. Dass der Angeklagte hier-

mit den Zeugen PK [...] meint, ergibt sich daraus, dass dies der Beamte ist, mit welchem der Angeklagte nach der Weiterleitung verbunden wurde. Die Formulierung des Angeklagten zeigt, dass er sich bewusst darüber gewesen ist, dass sein Gesprächspartner keine weiteren Maßnahmen treffen würde. Auch wenn er es in diesem Schreiben so formulierte, dass der Beamte „schwer von Begriff" geschienen habe, mithin nicht ausdrücklich erwähnte, dass er ihm nicht geglaubt habe, ergibt sich hieraus jedoch, dass der Gesprächspartner nicht vollständig verstanden hat, was der Angeklagte ihm mitteilen wollte, woraus sich ergibt, dass der Angeklagte nicht davon ausging, weitere Maßnahmen durch seinen Anruf veranlasst zu haben. Darüber hinaus spricht hierfür auch der Umstand, dass der Angeklagte selbst das Gespräch beendete und auch - obwohl er seine korrekte Mobilfunknummer mitgeteilt hatte, was durch den Abgleich der Inaugenschein genommenen Wachbuchaufzeichnung von PK [...], in welcher die Nummer „015126268666" notiert ist und der Bekundung des Zeugen POK [...], der die gleiche Rufnummer als die Nummer nannte, von welcher aus sich der Angeklagte gemeldet hatte, feststeht - einen Rückruf des Zeugen PK [...] nicht beantwortete. Hieraus lässt sich nach Ansicht der Kammer zwanglos schließen, dass der Angeklagte keinen Sinn darin sah, sich weiter mit seinem Gesprächspartner auseinanderzusetzen, was sich vor dem Hintergrund dessen, dass er von ihm ohnehin keine Maßnahmen zur Verhinderung der Folgen der Schienenmanipulation erwartete, erklärt. Die Kammer geht davon aus, dass dem Angeklagten andernfalls daran gelegen gewesen wäre, das Gespräch fortzuführen und gegebenenfalls offene Rückfragen zu beantworten.

Der Angeklagte ging zur Überzeugung der Kammer auch nicht davon aus, durch sein weiteres Verhalten nach Abschluss der Manipulation dafür gesorgt zu habe, dass das Entgleisen eines die von ihm manipulierte Strecke überfahrenden Zuges verhindert werden würde.

Zwar verfasste der Angeklagte nach Abschluss der Manipulation am 15.03.2020 eine E-Mail, die er an die Mailadresse „Infopost@bundesregierung.de" schickte, in welcher er die Manipulation unter Nennung des genauen Streckenabschnitts und der Bahnkilometer mitteilte und zur sofortigen Sperrung der Strecke aufforderte. Hierbei bettete der Angeklagte seine Mitteilung trotz konkreter und auch wahrheitsgemäßer Bezeichnung des Tatorts jedoch in ausschweifende Erzählungen zu der bereits benannten Terrorzelle ein und stellte die Schienenmanipulation als Terroranschlag dar. Zudem verband er seine Schilderungen abermals mit irreal hohen Geldforderungen - er reduzierte hier die ursprüngliche Forderung von 88,75 Milliarden auf 55,365 Milliarden Euro, verlangte jedoch 365 Millionen in Bar und den Rest zur Überweisung. Dass auf diese Inhalte mit offenkundig irrealen - und wie der Angeklagte selbst wusste auch unwahren - Ausführungen keine Reaktion erfolgen würde, war dem Angeklagten, wenn schon nicht aus seinem eigenen Verstand heraus, zumindest in Anbetracht seiner Erfahrung hinsichtlich der Vielzahl der von ihm verfassten Schreiben an öffentliche und politische Stellen, sowie Unternehmen, in denen er von ebendieser Terrorzelle berichteten, klar. Eine Reaktion hierauf war in keinem Fall - auch nicht auf dramatischste Schilderungen - erfolgt. Der Angeklagte ging mithin auch bei der nach der Tatausführung verfassten E-Mail nicht davon aus, dass diese Auslöser für Maßnahmen zur Vermeidung der Entgleisung sein kann. Dem steht auch nicht entgegen, dass die konkreten Bahnkilometer angegeben und der Streckenabschnitt benannt wurde - hierbei handelte es sich nur um eine in der Gesamtschau der jeweils mehrere Seiten umfassenden Schreiben Detailinformation, welche von den ausführlichen Schilderungen zu der Terrorzelle überlagert wurden.

Hinzu kommt, dass der Angeklagte die E-Mail vom 15.03.2020 ausweislich des Wortlauts der Empfängeradresse an ein Infopostfach der Bundesregierung versandt hatte, mithin eine Adresse, an welcher eine Vielzahl allgemeiner Schreiben ohne besondere Dringlichkeit eingehen und demzufolge auch erwartet werden. Dass die E-Mail des Angeklagten hier direkte Beachtung findet und zu zeitnahen entsprechenden Maßnahmen führt, erwartete der Angeklagte folglich zur Überzeugung der Kammer nicht.
In Anbetracht des Gesprächsverlaufs des Anrufs bei der Bundespolizei vor der Weiterleitung nach Frankfurt (s.o.) ging der Angeklagte zur Überzeugung der Kammer auch nicht davon aus, dass hierdurch - mithin durch die Koblenzer Leitstelle - Maßnahmen zur Streckensperrung veranlasst werden. Dies folgt daraus, dass der Angeklagte unmittelbar an die örtliche Bundespolizei weitergeleitet wurde und sich hieraus ergibt, dass der Mitarbeiter der Leitstelle in Koblenz für den Angeklagten erkennbar darauf vertraute, dass weitere Maßnahmen dort eingeleitet werden.

Dass der Angeklagte ebenfalls nicht davon ausging, durch das auf den 17.03.2020 datierte Schreiben, welches er an das Bayerische Landeskriminalamt versendete, Maßnahmen zur Verhinderung einer Entgleisung herbeigeführt zu haben, ergibt sich neben der ebenfalls irrealen Einbettung der Informationen in das Szenario des Anschlags der Terrorzelle, daraus, dass das Schreiben an die Bundeskanzlerin Merkel „persönlich" adressiert war, der Angeklagte es jedoch am 19.03.2020 an das Bayerische Landeskriminalamt versendete. Bereits aus dieser Diskrepanz folgt, dass der Angeklagte dieses Schreiben nicht als verlässliche Maßnahme zur Herbeiführung einer Streckensperrung erachtete, hätte er dies getan, wäre zu erwarten gewesen, dass er das Schreiben an die Person versendet, für die es bestimmt war. Darüber hinaus ging der Angeklagte in Anbetracht seiner Vorerfahrung mit an die Bundeskanzlerin adressierten Schreiben auch nicht davon aus, dass durch diese als Adressatin des Schreibens Maßnahmen zur Streckensperrung veranlasst werden bzw. ihrerseits überhaupt eine Reaktion erfolgen wird. Gleiches gilt für den Umstand, des Eingangs des Schreibens beim Bayerischen Landeskriminalamt. Der Angeklagte wusste, dass der Ort der Schienenmanipulation sich nicht in dessen Zuständigkeitsbereich befindet, mithin ging er auch nicht davon aus, dort verlässliche Maßnahmen zur Streckensperrung veranlasst zu haben.

Auch die Äußerungen, welche der Angeklagte am 20.03.2020 gegenüber dem Hotelbetreiber des Hotels [...], dem Zeugen [...], dahingehend machte, im Rahmen seiner Tätigkeit beim Verfassungsschutz einen Anschlag vereitelt zu haben sowie dass die dortige Lockerung von Schrauben gerade noch rechtzeitig entdeckt worden war, stehen der Überzeugung der Kammer, dass der Angeklagte nicht davon ausging, alles Erforderliche für die Verhinderung einer Entgleisung getan zu haben, nicht entgegen. Zum Zeitpunkt des Gesprächs am 20.03.2020 war die Sperrung der Strecke durch eine anderweitige Entdeckung bereits erfolgt (s.o.), der Angeklagte kann dies durch öffentlich gewordene Informationen wahrgenommen und in seiner Erzählung verarbeitet haben. Hieraus folgt zur Überzeugung der Kammer jedoch nicht, dass der Angeklagte davon ausging, dass die Sperrung der Strecke auf seiner Initiative beruht.

f.

Die Feststellung, dass der Angeklagte bei der Tat voll schuldfähig gewesen ist, beruht auf den gutachterlichen Ausführungen der Sachverständigen Prof. Dr. [...] und Prof. Dr. Dr. [...], denen sich die Kammer unter eigener Überzeugungsbildung vollumfänglich anschließt. Der Sachverständige Prof. Dr. [...], dessen Gutachtenerstattung auf Grundlage der Verfahrensakten sowie des Eindrucks vom Angeklagten während der Hauptverhandlung erfolgte, führte aus, dass auch vor dem Hintergrund der Diagnosen im Hinblick auf die Persönlichkeit des Angeklagten (s.o.) aus psychiatrischer Sicher keine Funktionsbeeinträchtigungen zu erkennen seien, die geeignet wären, seine Unrechtseinsicht aufzuheben und/oder seine Fähigkeit, dieser Einsicht zu folgen, erheblich zu vermindern oder aufzuheben. Die diagnostizierte dissoziale Persönlichkeitsstörung ziehe keinerlei Funktionsbeeinträchtigung bei dem Angeklagten nach sich. Der Angeklagte setze seine Wesensbesonderheiten vielmehr bewusst zum Erreichen seiner kriminellen Ziele ein und sei jederzeit in der Lage, der Situation entsprechend auch anders handeln zu können. Auch die Pseudologia phantastica sei nicht als Funktionsbeeinträchtigung, sondern als Mittel zum Zweck der Absichten des Angeklagten zu sehen. Gleiches gelte für die narzisstischen Züge des Angeklagten, auch deren Ausprägungen seien für den Angeklagten immer reflektierbar und relativierbar. Es seien auch keine Anhaltspunkte für eine hirnorganische Störung zu erkennen, zudem verfüge der Angeklagte über eine gute intellektuelle Ausstattung.

Der Sachverständige Prof. Dr. Dr. [...] führte aus, dass sich aus der Untersuchung einer am 18.05.2020 entnommenen Probe von 2cm langen Brusthaaren des Angeklagten der Nachweis einer Konzentration des starken opioiden Schmerzmittels Tilidin von 0,052 ng/mg sowie dessen

eigentlich wirksamem Abbauprodukt Nortilidin von 1,0 ng/mg ergeben
habe. Dies belege, dass der Angeklagte Tillidin aufgenommen oder mit
der Substanz Kontakt gehabt habe. Die Konzentration von Nortilidin könne als deutlich erhöht eingeschätzt werden. In Anbetracht dessen, dass
bei Brusthaaren - anders als bei Kopfhaaren - keine zeitliche Sequenzie-
rung erfolge, könne nicht nachvollziehbar auf einen Dosierungszeitraum
zurückgerechnet werden. Da die festgestellten Konzentrationen jedoch
dem obersten Ende dessen, was in Haaren gefunden werde, abbilde, sei
davon auszugehen, dass Tilidin im oberen Dosisbereich bzw. regelmäßig
aufgenommen wurde. Tilidin, welches im Körper zu Nortilidin umgewan-
delt werde, wirke stark schmerzhemmend und zentral nervös dämpfend
und verursache Müdigkeit. Insbesondere in Verbindung mit Alkohol
könne die zentralnervöse Dämpfung stärker hervortreten, generell sei
dies jedoch eine Anfangswirkung, an welche man sich relativ schnell
gewöhne. Als Opioid habe die Einnahme von Tilidin auch eine euphori-
sierende Wirkung, es sei jedoch kein Aufputschmittel, mit welchem man
Aggression triggere oder eine Enthemmung verursache. Eine Rausch-
wirkung von Tilidin bestehe eher dahingehend, dass man sich wohl fühle,
warm geborgen und geschützt. Diese trete ungefähr in den ersten 1 bis 2
Stunden nach der Einnahme auf, wer es gewöhnt sei, befinde sich jedoch
im subjektiven Normalzustand. Anhaltspunkte für Auswirkungen auf die
Schuldfähigkeit des Angeklagten zur Tatzeit ergeben sich hieraus mithin
nicht.

IV.
Danach hat sich der Angeklagte wegen versuchten Mordes in Tateinheit
mit versuchtem gefährlichen Eingriff in den Bahnverkehr und mit Störung
öffentlicher Betriebe strafbar gemacht gemäß §§ 211 Abs. 1, 2 Var. 4, 5,
7, 315 Abs. 1 Nr. 1, Abs. 2, 316 b Abs. 1 Nr. 1, 22, 23,52 StGB.

Der Angeklagte hat sich wegen versuchten Mordes strafbar gemacht.
Durch die vom Angeklagten durchgeführte Schienenmanipulation sind
keine Menschen zu Tode gekommen. Der Versuch des Mordes ist gemäß
§§ 211, 12 StGB strafbar.

Der Angeklagte war dazu entschlossen die vermeintliche Ernsthaftigkeit der Terrorszenarien in den von ihm abgesandten Schreiben durch
die Schienenmanipulation zu untermauern und dabei bereit, die damit
einhergehende konkrete Lebensgefahr für eine unbestimmte Vielzahl von
Zuginsassen in Kauf zu nehmen.

Als er die Befestigungselemente der Schiene an der tatgegenständlichen
Bahnstrecke löste, hatte er Eventualvorsatz dahingehend, durch die Entgleisung eines Personenzuges eine unbestimmte Vielzahl an Zuginsassen
zu töten.
Eventualvorsatz ist für die Verwirklichung des versuchten Mordes grundsätzlich ausreichend.

Dass durch das Lösen von Befestigungselementen an 127 Betonschwellen der Schiene einer Hochgeschwindigkeitsstrecke ein diese Stelle überfahrender Zug entgleisen und hierdurch sich in dem Zug befindende Personen zu Tode kommen können, wusste der Angeklagte.
Der Angeklagte wusste um das physikalische Verhalten der gelösten Schiene mit fortschreitendem Zeitablauf und dass dies ungehindert zu einer Entgleisung geführt hätte. Ebenso wusste er, dass die Folgen einer Entgleisung nicht absehbar sind und diese einen katastrophalen Verlauf nehmen kann, bei dem mehrere Zuginsassen getötet werden.

Dass die Tötung der Zuginsassen für den Angeklagten kein vordringliches Ziel gewesen ist, sondern dies vielmehr ein Nebeneffekt seiner Tat gewesen wäre, steht dem Tötungsvorsatz des Angeklagten nicht entgegen.

Eventualvorsatz kommt bereits dann in Betracht, wenn der Täter die Tatbestandsverwirklichung nicht anstrebt oder als sicher erachtet, jedoch für möglich hält. Eine Abgrenzung zur lediglich bewussten Fahrlässigkeit findet auf der Ebene des voluntativen Elements statt. Der vorsätzlich Handelnde ist mit dem Erfolgseintritt dahingehend einverstanden, dass er diesen billigend in Kauf nimmt. Hierbei reicht es aus, wenn ihm der als möglich erkannte Erfolgseintritt gleichgültig ist.

Im Zeitpunkt der Tathandlung - der Schienenmanipulation - hielt der Angeklagte es für möglich, hierdurch den Tod von Zuginsassen herbeizuführen, fand sich jedoch damit ab, um seine vorherrschenden Ziele, nämlich der Anerkennung des von ihm geschaffenen Szenarios und damit seiner Person, zu verwirklichen. Aus dieser Gleichgültigkeit im Hinblick auf den möglichen Tod der Zuginsassen resultiert mithin der Eventualvorsatz des Angeklagten zur Tötung.

Der Angeklagte war auch zu einer heimtückischen Tötung der Zuginsassen entschlossen.

Entsprechend der ständigen Rechtsprechung handelt heimtückisch, wer die Arg- und Wehrlosigkeit des Opfers im Zeitpunkt des Angriffs bewusst zur Tatbegehung ausnutzt. Arglos ist, wer sich zum Zeitpunkt der Tat keines Angriffs versieht. Wehrlos ist ein Opfer dann, wenn ihm die natürliche Abwehrbereitschaft und Abwehrfähigkeit fehlt. Die Wehrlosigkeit muss gerade auf Grund der Arglosigkeit bestehen.
In Ansehung dessen ist das Mordmerkmal der Heimtücke erfüllt, da weder die Zugpassagiere, noch das Zugpersonal mangels vorheriger Informationen oder Meldungen damit rechneten, einen manipulierten Streckenabschnitt zu überfahren und der Gefahr einer todbringenden Entgleisung ausgesetzt zu sein, was dem Angeklagten auch bewusst war. Die Manipulation war auch für den Triebfahrzeugführer nicht erkennbar, da der Angeklagte die gelösten Teile bewusst nicht auf den Gleisen, sondern am Rand im Schotterbett bzw. dem Grünstreifen platziert hatte,

um eine vorzeitige Entdeckung zu verhindern. Keiner der Zuginsassen hatte infolgedessen Möglichkeiten, den Angriff des Angeklagten abzuwehren.

Der Angeklagte handelte auch aus niedrigen Beweggründen. Diese liegen nach ständiger Rechtsprechung dann vor, wenn die Motive einer Tötung nach allgemeiner sittlicher Anschauung verachtenswert sind und auf tiefster Stufe stehen, mithin ungeachtet der Verwerflichkeit, die jeder vorsätzlichen rechtswidrigen Tötung innewohnt, jeglichen nachvollziehbaren Grundes entbehren. Bei der Bewertung der niedrigen Beweggründe kommt es auf eine rechtliche Beurteilung an. Die Missachtung allein moralisch-sittlicher Postulate, die in der Rechtsprechung keinen Niederschlag finden, kann den Mordvorwurf nicht begründen.

Persönlichkeitsmerkmale oder Auslöser der Tat dürfen nicht mit Beweggründen gleichgesetzt werden. Normalpsychologische, verbreitete Bedürfnislagen wie Bequemlichkeit, Verantwortungslosigkeit usw. stehen der Annahme niedriger Beweggründe nicht entgegen, sondern können gerade auch deren Hintergrund darstellen.
Persönlichkeitsstörungen, die dem Täter diese Einsicht versperren, können der Beurteilung der Beweggründe als niedrig entgegenstehen. Nach der Rechtsprechung setzt die Beurteilung von Beweggründen als „niedrig" stets eine Gesamtwürdigung voraus. (Fischer, StGB, 68. Aufl. 2021, § 211, Rn. 14f.)

Im Rahmen dieser Gesamtwürdigung war insbesondere das Motiv des Angeklagten zu betrachten. Der Angeklagte führte die Schienenmanipulation durch, um die Existenz der seiner Fantasie entspringenden Terrorzelle zu verifizieren und hierdurch zu erreichen, dass seinen Schilderungen und insbesondere seinem Vorbringen, dass er alleine diese bekämpfen könne, Glauben geschenkt und er in seiner Rolle als Terrorbekämpfer anerkannt wird. Der Angeklagte tat dies, um seinem Geltungsbedürfnis und seiner überhöhten Selbstwahrnehmung gerecht zu werden.
In Ansehung dessen ist die Relation von Anlass und Tat als ein eklatantes Missverhältnis zu bewerten. Der Angeklagte ordnete das Leben einer Vielzahl von Menschen seinem eigenen egoistischen Bedürfnis nach Anerkennung unter.
Auch wenn die Tatbegehung letztendlich der Persönlichkeitsdisposition des Angeklagten entspringt und er sich in die Fantasie von der Terrorzelle immer weiter hineinsteigerte, war er jederzeit in der Lage, sein Handeln zu reflektieren und zu ändern. Ihm waren sämtliche Umstände der Tat - auch, dass die Terrorzelle tatsächlich nicht existiert - bewusst. Er erkannte das Missverhältnis zwischen der Tat und ihrem Anlass, nutzte sie jedoch gleichwohl als Mittel zum Zweck - des Erreichens der Anerkennung der eigenen Person. Dem Schicksal der Zuginsassen stand er vor diesem Hintergrund gleichgültig gegenüber, er war bereit, deren Tod in Kauf zu nehmen, nur um seinem Geltungsbedürfnis gerecht zu werden

und spielte sich dadurch, den Zuginsassen ihr Lebensrecht aberkennend, als Herr über Leben und Tod auf.
Entscheidend für den Tatentschluss des Angeklagten war letztlich, dass keiner der Adressaten seiner Schreiben, denen er von der Terrorzelle berichtete, eine Reaktion zeigte und er hierdurch erkannte, von diesen nicht ernst genommen zu werden. Für den Angeklagten bestand in seiner Vorstellung mithin die Lösung darin, einen Schritt weiter zu gehen und das von ihm beschriebene Anschlagszenario selbst zu inszenieren, um so zu erreichen, dass ihm geglaubt wird, er als Terrorbekämpfer anerkannt wird und er infolge dessen auch die von ihm geäußerten Forderungen verwirklichen kann. Hieraus wird die besondere Verwerflichkeit, welche über die einer jeder Tötung ohnehin innewohnenden hinausgeht, deutlich. Die Tötung der Zuginsassen, die der Angeklagte in sein Bewusstsein aufgenommen hatte, wäre für ihn lediglich ein Kollateralschaden auf dem Weg zur Erreichung des eigenen Ziels gewesen, was eine besondere Geringschätzung des fremden Lebensrechts deutlich werden lässt.

Im Rahmen einer Gesamtwürdigung ist der Entschluss des Angeklagten zur Tatbegehung mithin als sittlich auf tiefster Stufe stehend und besonders verachtenswert zu bewerten.

Der Angeklagte war auch dazu entschlossen, gemeingefährliche Mittel zu verwenden.
Gemeingefährlich ist ein Tatmittel immer dann, wenn es durch eine Anwendung im Einzelfall eine Gefahr für Leib und Leben einer unbestimmten Anzahl anderer Personen mit sich bringt, weil die Ausdehnung der Gefahr vom Täter nicht kontrolliert werden kann. Nicht gegeben ist die Gemeingefährlichkeit, wenn sich die Tat zwar gegen eine Mehrzahl von Opfern richtet, diese jedoch individualisiert sind. Das Lösen der Schienenbefestigungen brachte die Gefahr einer Entgleisung und hiermit die Gefahr des Todes einer unbestimmten Vielzahl von Zuginsassen mit sich, welche sich aus dem Zugpersonal und einer nicht näher konkretisierbaren Anzahl an Fahrgästen zusammensetzt. Der Angeklagte hatte nach dem Lösen der Schienenbefestigungen keinerlei Einfluss auf den Zeitpunkt des Eintritts, Verlauf und die Folgen einer Entgleisung und darauf, wie viele Personen genau hierdurch getötet werden, was er auch wusste. Eine Individualisierung der Opfer durch den Angeklagten fand nicht statt, er wusste nur, dass sich eine Mehrzahl von Personen in den die manipulierte Strecke überfahrenden Zügen befindet und der Gefahr des Todes ausgesetzt war, jedoch nicht wie viele bzw. welche Personen genau.

Nicht entschlossen war der Angeklagte jedoch zu einer habgierigen Tötung.
Habgier ist nach der ständigen Rechtsprechung ein noch über die Gewinnsucht hinaus gesteigertes abstoßendes Gewinnstreben um jeden Preis. Das Gewinnstreben muss hier nicht das einzige Motiv sein, es muss jedoch tatbeherrschend und bewusstseinsdominant sein, der Täter

muss eine auf die Bereicherung gerichtete Absicht aufweisen. Dies war
bei dem Angeklagten nicht der Fall. Die Tötung der Zuginsassen war
hauptsächlich mit dem Ziel verbunden, das Bedürfnis des Angeklagten
nach Anerkennung zu befriedigen. Auch wenn in Anbetracht der vom
Angeklagten gestellten Forderungen, deren Erfüllung er für die von ihm
durchzuführende Bekämpfung der Terrorzelle und der Vermittlung entsprechender Informationen begehrte, auch ein finanzielles Interesse des
Angeklagten mit der Verifizierung der Existenz der Terrorzelle verbunden
war, war dieses jedenfalls nicht tatbeherrschend. Der Angeklagte beging
die Tat aus seiner Geltungssucht heraus. Die finanziellen Forderungen
waren vor diesem Hintergrund nur eine Facette des existenziellen und
vorherrschenden Bedürfnisses, seiner Selbstüberhöhung entsprechend
wahrgenommen zu werden, standen bei dem Entschluss des Angeklagten
zur Tatbegehung jedoch im Hintergrund. Wichtig und den Tatentschluss
auslösend war für den Angeklagten, dass seinen Erzählungen Glauben
geschenkt wird und er beweisen kann, dass diese der Wahrheit entsprochen haben und hierdurch die entsprechende Anerkennung zu erlangen.
Zudem fehlt es auch an der erforderlichen Unmittelbarkeit von Tathandlung im Sinne der Tötung mit Eventualvorsatz
und erstrebter Bereicherung.

Durch das Lösen der Schienenbefestigungen setzte der Angeklagte auch
unmittelbar zur Tatbestandsverwirklichung § 22 StGB an. Der Angeklagte
handelte rechtswidrig und schuldhaft.

Ein strafbefreiender Rücktritt vom versuchten Mord iSd. §24 Abs. 1 StGB
liegt nicht vor.
Zwar ist der Versuch nicht fehlgeschlagen, so dass grundsätzlich Raum
für einen strafbefreienden Rücktritt des Angeklagten wäre. Der Angeklagte ist hierfür jedoch nicht ausreichend tätig geworden.
Der Versuch des Angeklagten war beendet, er ging bei Abschluss der
Schienenmanipulation in der Nacht vom 14.03.2020 auf den 15.03.2020
davon aus, hiermit alles Erforderliche für die Tatbestandsverwirklichung -
dem Eintritt einer Entgleisung durch die fortschreitende Spurerweiterung
und damit der Tötung der Zuginsassen - getan zu haben.
Dies hat zur Folge, dass ein bloßer Abbruch der Tathandlung zum Rücktritt nicht ausreicht. Der Täter muss die Vollendung der Tat vielmehr
grundsätzlich durch eigene Tätigkeit verhindern, § 24 Abs. 1 S. 1 Alt. 2
StGB. Da der Taterfolg jedoch ohne Zutun des Angeklagten nicht eingetreten ist, da unabhängig von dessen Verhalten die Manipulation durch
zwei Triebfahrzeugführer entdeckt und die Strecke sodann gesperrt
wurde, bevor ein Zug entgleisen konnte, setzt die Straflosigkeit des Angeklagten gemäß § 24 Abs. 1 S. 2 StGB ein freiwilliges und ernsthaftes
Bemühen das zu tun, was nach seiner Vorstellung zur Rettung erforderlich ist, voraus. Hierbei muss er die ihm bekannten Möglichkeiten ausschöpfen, wobei hohe Anforderungen zu stellen sind, um die ihm möglich
erscheinende Tatvollendung zu verhindern. Hierbei ist es ausreichend,

wenn der Täter sich eines Dritten bedient, er muss seine Maßnahmen jedoch für zur Rettung geeignet und ausreichend halten. Besonders hohe Anforderungen dahingehend, dass der Täter sich um die bestmögliche Maßnahme bemühen muss, sind dann zu stellen, wenn - wie hier - Menschenleben auf dem Spiel stehen.

Diese Voraussetzungen erfüllen die Handlungen des Angeklagten nach Abschluss der Tatausführung nicht. Weder die am 15.03.2020 an die Mailadresse „Infopost@bundesregierung.de" versandte E-Mail, noch der Anruf bei der Bundespolizei am gleichen Tag, oder das auf den 17.03.2020 datierte Schreiben, welches der Angeklagten an das Bayerische LKA schickte, waren nach seiner Vorstellung dazu geeignet und ausreichend, eine Entgleisung und damit die Tötung der Zuginsassen zu verhindern. Der Angeklagte ging nicht davon aus, dass die E-Mail vom 15.03.2020 oder das auf den 17.03.2020 datierte Schreiben eine Reaktion in Gestalt einer Streckensperrung hervorrufen würden. Gleiches gilt für den Anruf bei der Bundespolizei am 15.03.2020. Der Angeklagte erkannte hier, dass er von seinem Gesprächspartner nach der Weiterleitung nicht ernst genommen wurde und ging nicht davon aus, dass sein Anruf zu einem Tätigwerden der Bundespolizei geführt hat.

Der Angeklagte erkannte folglich, dass zu einer Verhinderung der Tatbestandsverwirklichung weiteres Handeln erforderlich war, sah jedoch davon ab, in anderer Weise auf eine Streckensperrung hinzuwirken. Ihm waren nach allgemeiner Lebenserfahrung auch weitere Möglichkeiten bekannt, die er hätte ausschöpfen können. So wäre es dem Angeklagten beispielsweise ohne weiteres möglich gewesen, erneut die Bundespolizei anzurufen und seiner Mitteilung unter der Äußerung sich nicht ernst genommen gefühlt zu haben, Nachdruck zu verleihen und deren Ernsthaftigkeit deutlich zu machen. Hierbei hätte er auch die zusätzlichen Angaben zu der Terrorzelle weglassen können, um so seine Glaubwürdigkeit zu erhöhen. Er hätte auch die Polizei über den allgemeinen Notruf informieren oder sich bei der Bahn direkt melden können, um mit hinreichender Sicherheit für eine Sperrung der Strecke zu sorgen. Hierbei hätte er zur Verifizierung seiner Angaben auch abgetrennte Befestigungselemente vorzeigen können. Der Angeklagte hat sich folglich unter keinem Gesichtspunkt um die bestmögliche Maßnahme zur Verhinderung der Tatbestandsverwirklichung bemüht, die in Anbetracht der Gefährdung von Menschenleben notwendig gewesen wäre. Die von ihm getroffenen Maßnahmen waren zudem auch ungeachtet dieser erhöhten Anforderung unter keinem Aspekt ausreichend.

Tateinheitlich hierzu hat sich der Angeklagte der Störung öffentlicher Betriebe gemäß § 316b Abs. 1 Nr. 1 StGB strafbar gemacht.

Bei der Deutschen Bahn AG handelt es sich um ein dem öffentlichen Verkehr dienendes Unternehmen iSd. §316b Abs. 1 Nr. 1 StGB, dessen Betrieb infolge der durch die Manipulation des Angeklagten verursachten Gleissperrung zeitweilig verhindert wurde, weil der Fahrbetrieb auf dem vom Angeklagten manipulierten Streckenabschnitt zum Erliegen kam. Mit der durchgeführten Manipulation in Gestalt des Entfernens der Schienenbefestigungen beseitigte der Angeklagte dem Betrieb dienende Sachen. Er handelte diesbezüglich direkt vorsätzlich, da er wusste, dass durch die von ihm durchgeführte Schienenmanipulation letztendlich eine Streckensperrung erfolgen würde und dies auch in seinen Willen aufgenommen hatte. Das Handeln des Angeklagten war auch rechtswidrig und schuldhaft.

Ebenfalls in Tateinheit hat sich der Angeklagte des versuchten gefährlichen Eingriffs in den Bahnverkehr strafbar gemacht, § 315 Abs. 1 Nr. 1, Abs. 2 StGB strafbar gemacht.
Der gefährliche Eingriff in den Bahnverkehr ist nicht vollendet, da eine konkrete Gefahr für Leib und Leben eines anderen Menschen oder fremde Sachen von bedeutendem Wert nicht bestanden hat. Eine konkrete Gefahr liegt dann vor, wenn bei Würdigung aller konkret erheblichen Umstände im Rahmen einer objektiven nachträglichen Prognose im Sinne einer ex ante Beurteilung der Schadenseintritt in so bedrohliche Nähe gerückt ist, dass seine Vermeidung sich nur noch als Zufall darstellt. Es muss ein „Beinahe-Unfall" vorliegen, mithin eine Situation in der es „gerade noch einmal gut gegangen" ist.
Dies ist nicht der Fall, bei der im Fall der Entdeckung eingetretenen Spurweite trat eine Entgleisung noch nicht ein, hierfür hätte es der Überfahrt 5 bis 30 weiterer Züge bedurft. Die Folgen der bereits eingetretenen Spurerweiterung waren für die letzten die Strecke überfahrenden Triebfahrzeugführer zwar mitunter deutlich spürbar, dies erlangte jedoch nicht die Intensität dessen, was für die konkrete Gefährdung von Leib und Leben dieser Zuginsassen oder fremden Sachen von bedeutendem Wert notwendig ist. Die Umstände ergaben mithin lediglich eine latente bzw. abstrakte Gefährlichkeit der Tathandlung.

Der Versuch ist strafbar, § 315 Abs. 2 StGB.

Der Angeklagte war zum gefährlichen Eingriff in den Bahnverkehr entschlossen, da er bei Durchführung der Manipulation um die möglichen Folgen wusste (s.o.) und billigend in Kauf nahm, dass eine konkrete Gefahr entstehen könnte.

Die Absicht, einen Unglücksfall herbeizuführen, hatte er nicht.

Der Angeklagte hat zur Tatbestandsverwirklichung auch unmittelbar angesetzt, §22 StGB.

Er handelte rechtswidrig und schuldhaft.

Der Angeklagte ist nicht strafbefreiend von der Tat zurückgetreten. Der Versuch war nicht fehlgeschlagen. Es handelte sich um einen beendeten Versuch. Die Tat wurde ohne Zutun es Angeklagten nicht vollendet.

Ernsthafte Bemühungen, die Vollendung zu verhindern, hat der Angeklagte nicht angestellt. Die vom Angeklagten getätigten Mitteilungen waren auch vor dem Hintergrund eines versuchten gefährlichen Eingriffs in den Bahnverkehr nicht geeignet und ausreichend und wurden der Verhinderung der konkreten Gefährdung von Leib und insbesondere Leben der Zuginsassen sowie fremder Sachen von bedeutendem Wert nicht gerecht.

V.

Die Strafzumessung beruht auf folgenden Erwägungen:
Der Strafrahmen ist in Anbetracht der in Tateinheit gemäß § 52 StGB stehenden Delikte des versuchten Mordes, der Störung öffentlicher Betriebe und des versuchten gefährlichen Eingriffs in den Bahnverkehr dem mit der schwersten Strafe bedrohten Delikt zu entnehmen, dies ist hier gemäß § 211 StGB die lebenslange Freiheitsstrafe.

Eine Milderung gemäß §§ 20, 21, 49 Abs. 1 StGB kam nicht in Betracht, da der Angeklagte voll schuldfähig handelte.
Die Kammer hat jedoch von der Möglichkeit der Milderung aufgrund des Versuchs gemäß §§23 Abs. 2, 49 Abs. 1 StGB Gebrauch gemacht, sodass der Strafrahmen sich gemäß § 49 Abs. 1 Nr. 1 StGB hin zu einer Freiheitsstrafe von 3 bis 15 Jahren verschiebt.

Die Wahl, ob eine Milderung im Einzelfall vorzunehmen ist, ist nach den allgemeinen Strafzumessungsregeln zu treffen. Hierfür muss eine Gesamtwürdigung der Tatumstände und der Person des Täters erfolgen. Diese Abwägung muss besonders sorgfältig sein, wenn die Wahl zwischen lebenslanger und zeitiger Freiheitsstrafe besteht.

Zu Lasten des Angeklagten ist zunächst das hohe Maß an krimineller Energie zu werten, welche sich in seinen intensiven Vorbereitungshandlungen niederschlägt. Zudem ist der Angeklagte massiv strafrechtlich vorbelastet und weist eine außerordentlich hohe Rückfallgeschwindigkeit vor, so war er erst am 19.12.2020 aus der Haft in anderer Sache entlassen worden. Weiter zu seinen Lasten ist zu berücksichtigen, dass der Angeklagte tateinheitlich zwei weitere Delikte begangen und im Rahmen des versuchten Mordes drei Mordmerkmale verwirklicht hat. Darüber hinaus beging er die Tat unter laufender Führungsaufsicht, was deutlich macht, dass er durch die bislang gegen ihn verhängten strafrechtlichen Sanktionen nicht erreichbar war.

Zu Gunsten des Angeklagten hat die Kammer insbesondere die Meldungen der Schienenmanipulation nach der Tatausführung und dem hiermit einhergehenden Versuch, eine Streckensperrung herbeizuführen, berücksichtigt. Auch wenn diese Aktivitäten die Voraussetzungen eines Rücktritts nicht erfüllen, geht hieraus jedoch hervor, dass der Angeklagte die Folgen seines Handelns eindämmen wollte. Auch den Umstand, dass der

Angeklagte die Tat getrieben von seiner Geltungssucht begangen hat und hierbei in sich selbst und seiner Neigung zu völlig verantwortungslosem Handeln, die der dissozialen Persönlichkeitsstörung des Angeklagten entspringt, in gewisser Weise beeinträchtigt ist, stellt die Kammer zu Gunsten des Angeklagten in die Gesamtwürdigung ein, nicht verkennend, dass dies seine Verantwortlichkeit für die zur Verurteilung gelangenden Taten nicht aufhebt.

Weiter zu Gunsten des Angeklagten berücksichtigt die Kammer die relative Vollendungsferne des versuchten Mordes. Zwar war das Tatgeschehen hoch gefährlich, nach Beendigung der Manipulation konnten jedoch über 400 Züge die Strecke ohne Folgen überfahren, wenngleich es im Zeitpunkt der Entdeckung noch 5 bis 30 Züge bis zu einer Entgleisung waren, die die manipulierte Stelle ohne zu entgleisen hätten überfahren können. Eine konkrete Lebensgefahr für die Zuginsassen hatte sich mithin noch nicht ergeben.

Unter Gesamtabwägung dieser Umstände sieht es die Kammer mithin als angemessen und erforderlich an, von der fakultativen Strafmilderung gemäß §§ 23 Abs. 2, 49 Abs. 1 StGB Gebrauch zu machen.

Unter erneuter Abwägung aller vorgenannten belastenden und entlastenden Umstände hielt die Kammer eine Freiheitsstrafe von

9 Jahren und 10 Monaten

für tat- und schuldangemessen.

VI.
Mangels des Vorliegens der gesetzlichen Voraussetzungen, war eine Unterbringung des Angeklagten in einem psychiatrischen Krankenhaus gemäß § 63 StGB nicht anzuordnen, da er die Tat weder im Zustand der Schuldunfähigkeit, § 20 StGB, noch im Zustand verminderter Schuldfähigkeit begangen hat, §21 StGB.

VII.
Der sichergestellte T-Schlüssel und das sichergestellte Metallrohr (Asservate 4.1 und 4.2) unterliegen als Tatmittel gemäß § 74 Abs. 1 StGB der Einziehung.

VIII.
Die Kostenentscheidung beruht auf §§465 Abs. 1 StPO.

IX.
Das Urteil beruht nicht auf einer Absprache im Sinne des §257 c StPO.